AF469531

LA
GALERIE IMPÉRIALE
DE FLORENCE.

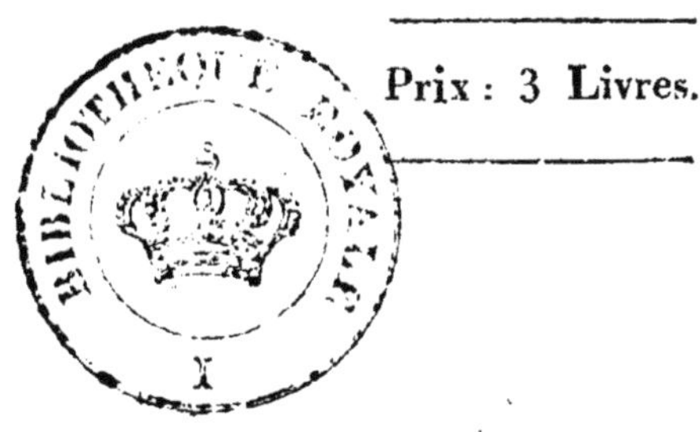

Prix : 3 Livres.

FLORENCE,

Chez GUILLAUME PIATTI, Imprimeur-Libraire.

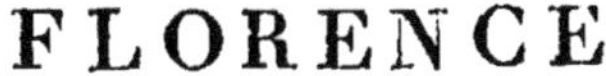

1813.

GALERIE IMPÉRIALE

DE FLORENCE.

Lᴀ Galerie impériale de Florence est célèbre dans toute l'Europe. Elle est la plus belle comme la plus riche collection, en fait de monumens des arts, et particulièrement de ceux-mêmes qui faisaient l'admiration des anciens, et qu'on a su soustraire aux ravages des temps.

Fondateurs et Mécènes.

La famille des Médicis ayant fait une fortune immense dans le commerce du Levant, était parvenue à avoir un état et un crédit qui allait de pair avec celui des Souverains de son siècle. Ce sont les Médicis qui les premiers ouvrirent les yeux sur les beautés des ouvrages des anciens artistes ; ils réunirent tout ce qu'on connaissait de plus précieux de leurs temps. Le résultat de leurs soins et de leurs recherches constitue aujourd'hui ce vaste ensemble qu'on appelle la Galerie de Florence.

Côme, père de la Patrie s'occupa au milieu du quinzième siècle d'embellir la ville, en élevant des édifices somptueux, en ornant ses beaux palais de tout ce qu'il y avait alors de plus rare en sculpture ancienne.

Laurent, qu'on surnomme le Magnifique, encou-

ragea par ses libéralités l'art de graver en pierres
dures, ainsi qu'un nouveau genre de travail en pierres
fines, qui surpasse beaucoup les mosaïques par sa
difficulté, et par sa richesse. Il forma une superbe
collection de médailles anciennes. Il fut le Mécène
de presque tous les artistes ; il aima *Michelange*,
qui commença sa carrière dans la sculpture par cette
bizarre tête de Faune (V. Salle des inscriptions), par
laquelle les plus grands maîtres pourraient se glori-
fier d'achever la leur. Après que *Laurent*, ce grand
homme, qui a si bien exercé la plume de *Roscoe*,
eut rassemblé en assez grand nombre les statues,
les bas-reliefs antiques, et les tableaux des meilleurs
maîtres, il établit une école de peinture, et de
sculpture, qui donna naissance à la célèbre école de
Florence, qui se distingua d'une manière éclatante
d'après l'étude de l'antique.

Pierre son fils, élève de *Politien*, était fort instruit : il aurait sans doute suivi l'exemple de son
père ; mais il fut chassé de sa patrie en 1494. Ce que
ses ancêtres avaient recueilli fut vendu à l'enchère,
et dispersé : cependant le goût pour les arts ne fut
pas éteint pour cela dans cette famille. Elle ramassa
en 1512 tout ce qu'il lui fut possible de retrouver.
Alexandre fut déclaré (en 1530) premier Duc
de Florence, on sait bien quel fut son sort.

Côme I lui succéda en 1537. Ce fut lui qui, voulant
réunir dans le même local les différentes *branches* de
la Magistrature, fit élever en 1564 par *George Vasari*, peintre, architecte et historien, un des plus
beaux édifices, qu'il y ait peut-être en Italie, celui
de la Galerie d'aujourd'hui.

François I qui succéda à *Côme*, employa *Bernard
Buontalenti* pour bâtir la Tribune, cabinet dont
les connaisseurs n'approchent qu'avec une sorte de
recueillement, et peut être d'adoration.

Monté sur le trône de Toscane, *Ferdinand I.* fit

d'abord transporter dans la Galerie une grande partie des curiosités, qu'il avait rassemblées lors de son séjour à Rome.

Côme II. son fils, mourut jeune : mais *Ferdinand II,* fondateur de l'Académie du *Cimento*, plus lié encore par une amitié raisonnée que par la nature, avec le Cardinal *Léopold* son frère, suivit entièrement son goût, et fut son émule dans la recherche des chefs-d'œuvre de l'art : amateur instruit des beaux arts, il tâcha d'acquérir sans épargne, et même avec générosité, à Boulogne, à Rome et jusque dans l'ancienne Mauritanie, tout ce qu'il y pouvait obtenir en fait de beaux monumens, soit en peinture, soit en sculpture, soit en inscriptions etc. ; ce fut lui qui acheta l'Hermaphrodite, la belle tête, qu'on croyait celle de Ciceron, l'Idole en bronze, regardée comme le plus beau des ouvrages anciens en métal, et la voluptueuse Vénus du Titien, etc, chefs-d'œuvre dans son genre. Il mourut en 1670.

Côme III, son fils, sentit assez tôt combien une si riche collection relevait l'éclat de sa famille ; il n'oublia rien pour l'augmenter. Il commença par y faire placer tout ce qu'il avait hérité des Ducs d'Urbin, de la maison de la *Rovere*, dont *Ferdinand II* avait épousé l'héritière ; et les curiosités innombrables que le Cardinal *Léopold*, son oncle, conservait dans le palais Pitti ; le buste colossal d'Antinoüs, Susanne, tableau du *Dominiquin*, dont le même Grand-Duc fit depuis présent à l'Electeur Palatin, etc. Entre les hommes célèbres, qui fleurirent en ces temps à Florence, on compte *Magalotti*, physicien ; *Bellini* grand anatomiste ; *Viviani* mathématicien ; *Redi*, qui fit une révolution heureuse dans la médecine, et qui sut si bien interroger la nature ; le Sénateur *Filicaja*, qui chanta souvent en italien comme *Pindare* avait chanté en grec ; *Micheli*, le Linée de son temps ; le Cardinal

Noris, qui à l'aide d'une médaille fouilla dans l'antiquité la plus réculée, et sut fixer des époques très intéressantes; *Magliabechi*, qui savait tout, grâces à son étonnante mémoire, etc. Tout ces hommes illustres, qui parurent à la fois, devinrent l'honneur du règne de leur Souverain, et créerent la gloire littéraire de leur patrie.

Jean Gaston, qui eut la douleur de voir, de son vivant, les Princes de l'Europe se disputer sa succession, déposa dans la Galerie une collection de plus de 3oo pierres précieuses, admirablement bien gravées. Ce fut aussi sous ses auspices, que plusieurs gentils-hommes florentins se proposèrent de publier les pièces les plus remarquables de l'antiquité en tout genre qu'on gardait dans les riches cabinets de leur pays, et sur-tout dans la Galerie Royale. Ce projet vaste et hardi, monument heureux du génie de la Noblesse Florentine, fut exécuté avec toute la magnificence qu'on pouvait souhaiter. L'ouvrage fut achevé en 1762 avec une nouvelle dédicace à l'Empereur *François I*. Tout le monde connaît l'ouvrage intitulé *Museum Florentinum*.

François I de la maison de Lorraine, grand prince et citoyen vertueux, sut respecter la Toscane, qu'il ne voulut point priver d'un si précieux trésor pour se procurer à lui-même la satisfaction d'en jouir. Il fit même des lois, pour conserver à la Galerie ses richesses. Il acheta des médailles et des bronzes de plusieurs espèces, mais tous de la dernière rareté, que *Charles Stendardi* avait apportés d'Alger en 1753. D'autres médailles, furent trouvées à *San Miniato al Tedesco*, toutes consulaires, parmi lesquelles *Antoine Cocchi*, conservateur du cabinet des médailles, en choisit mille des plus précieuses.

Le feu prit le 12 août 1762 dans le bâtiment de la Galerie; si elle avait été détruite, la perte aurait été irréparable; mais heureusement le dommage se réduisit à peu de chose.

L'avénement du Grand-Duc *Pierre-Léopold* au trône, en 1765, fixa une nouvelle époque d'éclat pour la Galerie. Il commença par acheter la collection des portraits des peintres, qui était chez l'abbé *Pazzi*, graveur florentin : c'est une suite de la première collection, quoique moins belle ; c'est aussi par son ordre que la Galerie fut enrichie des statues de Niobé ; de la Vénus qui sort de la mer ; du petit Apollon, modèle peut-être unique, d'une jeunesse florissante ; de l'Endimion, et de la Sibille Samienne, deux tableaux charmans du *Guerchin* : du festin de Baltazar, de *Martinelli ;* du massacre des Innocens, par *Daniel* de Volterre ; de la Présentation au Temple (à présent à Vienne), par frère *Barthelèmi* de S. Marc ; du célèbre Jésus mort, qui était à Lucques (maintenant à Paris), d'*André del Sarto ;* de S. Ives, du *Chimenti*, dit l'Empoli ; du grand tableau qui était à Arezzo, par le *Baroche*, etc. Des collections étrusques appartenantes aux familles *Galuzzi* et *Bucelli ;* et d'une quantité prodigieuse de médailles et d'autres morceaux très-intéressans. Il fit plus : après avoir séparé les intérêts de l'État et de la Couronne de son patrimoine personnel, il fit présent de la Galerie à la nation, en la déclarant une Propriété de l'État. Elle est aujourd'hui sous l'égide du plus grand des Empereurs.

On conservait dans la Galerie, selon le goût des temps, plusieurs bagatelles de peu de mérite, comme des armes, des armures, des ouvrages de tour : *Léopold* les fit ôter pour faire place aux chefs-d'œuvre dont il voulait l'enrichir. Il en retira aussi quelques instrumens de physique qu'on y avait déposé, ainsi que la riche collection d'histoire-naturelle, rassemblée par *Rumphius, Stenon, Redi,* etc., qu'il consacra à faire le fond du superbe Musée, ou Cabinet d'*histoire-naturelle* et de *physique*, dont il fut le fondateur.

8

Ferdinand III chargea ses ministres d'acheter des ouvrages des meilleurs artistes français : il acheta une très-belle tête peinte par *Denner*, bien rare, et effectua des échanges avec la collection de Vienne.

Ce grand Emporium des arts fut d'abord confié par *François I* au Conservateur *Sebastiano Bianchi*, qui était chargé de le surveiller, et d'en permettre la vue au Public. Le célèbre *Antoine Cocchi* lui succéda, et à celui-ci *Remond* son fils, avec le titre de *Conservateur Antiquaire*. Le chanoine *Querci* vint ensuite, et après lui, le directeur *Pelli*, sous la direction duquel furent faites les réformes et additions de *Léopold*, dans ce bel établissement. (V. *Lanzi*, *Lalande*, etc.)

Puccini, qui lui a succédé, a donné une nouvelle disposition. Après avoir fait transporter en Sicile, sur la frégate anglaise *La Flore*, de 54 canons, capitaine *Georges Luden*, dans le mois d'octobre 1800, sept statues du premier ordre, avec plusieurs bustes, et quatre-vingts tableaux choisis ; il revint dans le mois de février 1803 à Florence, sur la frégate espagnole *la Vengeance*, Capitaine *D : Joseph Calderon*, avec les chefs-d'œuvre qu'il avait emportés et qu'on plaça dans l'ordre dans lequel on les voit actuellement. M. *Puccini* étant décédé dans le mois de mars 1811, M. *Degli Alessandri*, Baron de l'Empire, Chevalier de l'ordre impérial de la Réunion, fut nommé immédiatement à sa place ; il en était bien digne, tant pour son amour pour le beau, que pour l'instruction et l'intelligence qu'il avait depuis long-temps déployées dans la place qu'il occupe si honorablement en la qualité de Président de l'Académie des Beaux-Arts de Florence.

Auteurs qui en ont publié des écrits.

La description générale de cette Galerie fut commencée en 1732, sous le titre de *Museum Floren-tinum*, et publiée par le Sénateur *Buonarot i:* il y a déjà dix vol. *in-fol.*, dont 2 pour les pierres gravées et camées ; 1 avec 79 statues ; 3 avec 337 médailles ; 4 avec 220 portraits des peintres : le dernier parut en 1762. *Orsini* fit graver les plafonds en un volume, dont *Manni* donna la description.

Mais y il a des descriptions particulières qui ont précédé et suivi ce grand ouvrage, ainsi que des catalogues qui ont l'avantage d'être moins volumi-neux, et qui par conséquent sont plus commodes pour les voyageurs.

Il n'y a presqu'aucun voyageur en Italie, qui n'ait parlé de la Galerie de Florence. Il faut voir sur-tout l'ouvrage du Comte de *Stolberg*, publié à Kœ-nigsberg et à Leipsic en 1794, sous le titre : *Reise en Deutscland, der Schweitz, Italien, und Sicilien :* parce qu'il fait un parallèle intéressant entre les tableaux qu'on voyait au palais Pitti, et ceux de la Galerie.

Pierre Fitton et *Camelli*, donnèrent une exacte description des médailles. Le Cardinal *Noris* les illustra aussi, en y portant les connaissances qu'on voit dans son ouvrage sur les époques Siro-Macédo-niennes : on peut considérer comme une description des mêmes médailles de la Galerie de Florence, le travail que *Mezzabarba* fit sur les écrits d'*A-dolphe Occone*, de *Vaillant*, et de *Bandurius*.

Eckel, *Marin*, *Cinelli*, *Amaduzzi*, *Borghini*, *Caylus*, *Moecelli*, *Passeri*, *Corsini*, *Gottifredi*, *Maffei*, *Algarotti*, *Foggini*, *Bassetti*, *Bochi*, *Chammillard*, *Codin Addisson*, *Wolkmann*, *Falconet*, *Vandale*, *Lomazzo*, *Swinton*, *Coyre*, *Lafreri*, *d'A-ncarville*, *Lastri*, *Denina*, *Göthe*, sont autant d'é-crivains qu'on doit ranger parmi ceux qui ont eu quel-que part à des descriptions partielles de quelques morceaux de la Galerie.

Le Prevôt *Gori*, dans son *Recueil d'Inscriptions Toscanes*, et dans la continuation du *Musée Etrusque*, publié en 1726, a décrit plusieurs objets qui se conservent dans la Galerie; ainsi que *Dempster*, dans son *Etruria Regali.*

Quant aux catalogues, *Sebastien Bianchi*, conservateur de la Galerie fut le premier qui donna un détail des objets précieux qu'on lui avait confié.

Le Docteur *Cocchi*, qui était conservateur de cet établissement, publia, entr'autres choses, un manuscrit en cire de *Philippe-le-Bel*. Le prélat *Fabbroni*, une dissertation sur le groupe de la famille de Niobé, avec des planches. L'abbé *Bracci*, la gravure et la description d'un bouclier (*Clipeo votivo*) dans ses ouvrages.

Le directeur *Pelli* publia : *Saggio Istorico* de la Galerie, ouvrage rempli de recherches intéressantes: et on voit par les Nouvelles littéraires de Florence (année 1784), qu'il a rédigé un grand catalogue très-détaillé des médailles et pierres gravées, qui, en 17 volumes *in-folio*, se conserve dans les archives de cet établissement.

L'abbé *Lanzi*, donna une description de la Galerie, qui parut d'abord dans le Journal de Pise, et dont *Lalande* profita. On doit considérer comme des descriptions partielles de la Galerie, les ouvrages que ce célèbre Antiquaire a publié ensuite, c'est-à-dire l'*Essai sur la langue étrusque*, l'*Histoire de la peinture*, etc.

Le premier concierge, *Adam Fabbroni*, publia plusieurs brochures, dont l'une sous le titre de *Simulacro di nuova Venere*, en 1796; l'autre *dell' Ariete gutturato*; une troisième sur *la Farfalla, simbolo egiziano*; une autre sur le *Génie de Rome*; une note sur le *Morphée en marbre ossidien*, etc. qui sont relatives à des morceaux de la Galerie.

Zacchiroli publia une description de la Galerie

en français, et les matériaux en paraissent tirés des ouvrages de *Pelli* et de *Lanzi*. Deux réimpressions furent faites ensuite à Florence et Arezzo; avec plusieurs additions, et sans les épigrammes, que *Zacchiroli* avait de temps en temps ajouté aux différens objets, qu'il descrivait. Outre les catalogues et les descriptions qu'on en a en anglais, en suédois, etc. il y en a une en italien, qui fut réimprimée trois fois, avec des additions et des corrections relatives aux changemens, qu'on avait introduits dans la disposition et dans l'ordre des objets. *Lalande* en avait déjà donné une description française dans ses voyages, ce qui avait été fait également par d'autres voyageurs. L'abbé *Richard* en donna une aussi, dans le troisième tome de ses voyages, mais on ne les trouve pas séparées. *Bernoulli*, en copiant à peu-près *Lalande*, en a donné une en allemand. Les Anglais en ont beaucoup, plus ou moins bien faites, depuis *Addisson*, *Thomas*, *Henri*, jusqu'à Mademoiselle *Starke*, qui en a publié une dans ses voyages en 1798.

Plusieurs employés de la Galerie de Florence, animés d'un zèle très-louable, entreprirent l'année dernière de publier une description enrichie de dessins à l'eau-forte, des cadres, des statues, des bustes et camées qui sont conservés dans cet établissement, en se servant à cet effet, tant des notices inédites qui existent dans les manuscrits de la Galerie, que d'autres renseignemens qu'ils possédaient, ainsi que de quelques autres observations particulières et catalogues. Nous avons cru nécessaire de prévenir que dans le cahier 9 — 10 ll. IV. et 18, où il est parlé d'une muse dite Calliope, représentée avec deux plumes sur la tête, vetue d'une chemise qui laisse apercevoir sa transparente nudité, qu'elle est en attitude de soulever de l'épaule droite, et tenant un livre dans la main gauche; être la même

statue que celle qui existe dans la Galerie de Florence , par Puccini, qui dans l'année 1793 , fut
transportée dans l'amphithéâtre du jardin de Boboli,
et que l'on peut voir gravée dans le Museum florentin de Gori, table XVI.

Ceux qui vont voir la Galerie ne cherchent pas
un professeur, qui leur explique ce qu'ils voient,
mais plutôt un guide, qui leur indique ce qu'il y a
de remarquable à voir. Ce n'est donc pas une description minucieuse et détaillée, mais une indication, qu'on a entrepris de leur offrir.

Escalier.

Entre les deux fenêtres, qui éclairent l'escalier,
on voit un Bacchus en marbre, qui ressemble à
celui du Musée de Rome, à l'exception de la peau
de chèvre qui lui tombe des épaules et de la position de son bras gauche : vis-à-vis de lui, il y
a un enfant antique, d'une beauté singulière, mais
on ignore le sujet qu'il représente : Il est nu ; la tête
couronnée, et a l'air extrêmement gracieux.

Vestibule.

Le Vestibule est comme partagé en deux : on a
placé dans ce que j'apellerai l'*Entrée*, les bustes
des Princes qui ont fondé ou enrichi la Galerie :
c'est un trait d'esprit et de justice tout-à-la-fois;
il semblent réunis pour faire tous ensemble aux
étrangers, les honneurs de leur palais et des restes
de leur puissance. Il sont tous ornés d'une inscription analogue. *Cóme*, connut la méthode pour
tremper le ciseau de manière à le rendre capable
de piquer le Porphire. *Tadda* fut le premier à en
faire usage, *Curradi* le reçu de lui, et fit le portrait, en porphire, de *Cóme II.* Il mourut capucin

en 1555. (On y a ajouté depuis peu les deux bustes de *Laurent* et de *Jean* de Médicis, surnommé le Grand-Capitaine. Quoique ces deux bustes appartiennent à la maison des Médicis, il ne paraît pas que le second sur-tout ait contribué à l'embellissement de la Galerie). Les inscriptions latines, qu'on y a ajoutées au bas, marquent ce que chacun de ces grands princes a fait. C'est un hommage, que la reconnaissance des beaux-arts a rendu à leurs bienfaiteurs.

COSMAS I. MEDICES M. D. E.
en bronze.

FRANCISCUS 1. MEDICES M. D. E.
en marbre.

FERDINANDUS I. MEDICES M. D. E.
en porphire.

COSMAS II. MEDICES M. D. E.
en porphire.

FERDINANDUS II. MEDICES M. D. E.
la seule tête en porphire.

LEOPOLDUS COSMAE II. F. MEDICES
CARDINAL.
en marbre.

COSMAS III. MEDICES M. D. E.

JO. GASTO MEDICES M. D. E.

On voit à côté de la porte un Mars *gradivus* en bronze, nu, couvert de son casque, tenant un bâton de la main droite, et de la gauche un arme. De l'autre côté un Silène avec un petit Bacchus dans ses bras. C'est une superbe copie en bronze,

14

faite sur le beau modèle de la *Vllla Pinciana*, dont on fait beaucoup de cas, sur-tout pour la beauté de ses jambes (Mus. Cap. T. 3. p. 70). Deux têtes d'Écate triforme et quatre autres têtes, dont le tipe est inconnu, sont au-dessus de la porte. Quatre bas-reliefs représentant une fête et des sacrifices, semblables à ceux qu'on voit sur la colonne Trajane. Toutes ces figures sont couronnées de laurier ; même le Camille qui porte une *acerre*, (*praefericulum*.) D'autres sujets, sont enchâssés dans les murs, avec des grotesques.

Quatre inscriptions gravées en grands caractères: une grecque de *Leocaris* sculpteur.

Dans le second Vestibule, octogone.

Deux colonnes quadrangulaires (qui semblent indiquer des victoires remportées sur terre et sur mer, par celui à qui elles ont été dédiées). Elles ont dix pieds romains de hauteur (chaque pied répond à 10 pouces, 10 lignes, ancienne mesure de France). Elles sont sculptées des quatre côtés en demi-relief et chargées de trophées, d'armes antiques, offensives et défensives, entrelacées avec des instrumens de musique militaire, des enseignes, des symboles et des étendards. On y voit les autels portatifs et tout ce qui servait aux sacrifices, et au culte des Dieux, dans la marche des armées et dans les camps. Cet ouvrage, qui est romain, quoique l'on y trouve une partie de ce qui servit aux Grecs, est aussi curieux, qu'instructif pour quiconque voudra se mettre au fait de l'armure des anciens. Au dessus de ces colonnes, à la droite, on voit une tête de Cybèle, et sur l'autre une de Jupiter, d'un grand style, digne du dieu, qu'elle représente.

Un très-beau Cheval, dont les brides sont serrées sur son col ; tête fière et levée ; narines ouvertes ;

erinière ondoyante : c'est l'ouvrage d'un Artiste, qui sent la nature et qui sait la représenter. Une fois on a cru faire part de la *Niobé* (il fut trouvé dans un autre endroit) Il aurait mérité d'être mieux restauré.

Un Sanglier antique de la plus grande vérité et bien fait : Il n'est point fatigué d'une quantité de coups de trépan, comme la copie que l'on en a en France : *Pierre Tacca* en fit une copie en bronze, qui est le plus bel ornement des portiques du *Mercato Nuovo*. La queue qu'on a restauré, n'est point imitée de celui en bronze. Dans l'incendie de 1762 ce Sanglier, ainsi que la superbe copie du Laocoon et le Bacchus du *Sansovino*, etc. furent considérablement endommagés.

Statues plus grandes que nature.

Un Apollon tenant un flambeau à la main, et regardant les cieux; on en avait fait un Prométhée. C'est une statue plus que nature, d'une taille svelte et légère ; la tête bien inspirée, montre bien de l'avenir dans ses regards. Le torse antique est de la plus grande beauté ; on lui a mis à la main gauche un flambeau que Prométhée alluma au char du soleil qu'il semble regarder, et vers lequel il tient la main droite levée, c'est une belle sculpture dans la manière grecque; les bras sont modernes. — Un roi barbare que l'on a pris pour Midas, dont le beau torse était originairement dit-on, celui du malheureux Athis, (V. le *Mus. Florent.* pl. 80). Athis, jeune et beau berger de Phrygie, ou Lidie, fut prètre de Cybèle, et en établit le culte chez toutes les nations. Il fut lui-mème mis au rang des Dieux. On dit que le Soleil, Sérapis, Mithras, Dis, Typhon, Athis, Ammon, Adonis, ne sont que le même dieu. *Catulle* l'appelle femme et garçon, parce que s'étant fait eunuque dans sa jeunesse, il avait autant l'air de l'un que de l'autre. — Trajan, couvert de ses armes, remarquable par les ornemens de sa cuirasse : au-dessus de sa ceinture deux griffons qui se regardent, et plus bas on voit un aigle : sur les découpures rondes, qui la bordent en bas, on voit des têtes d'animaux ; celle d'un lion est au milieu, etc. sa chaussure paraît être ce qu'on appelait *ocrea* (V. *Bonarroti*). — Auguste qui harangue, ayant un volume dans la main gauche : son air marque l'intérêt qu'il prend à persuader son auditoire ; tout son corps parle : c'est une des meilleures statues, que l'on ait de cet Empereur. Le mouvement des bras, et celui des yeux est réglé par ce qu'il dit : Cette figure est traitée avec beaucoup d'esprit, et de la plus belle forme. L'importance du sujet qu'il traite, est marquée par la gravité de son maintien : la draperie est très-artistement plissée ; la disposition du corps est bien adaptée pour servir de commentaire à ce que Ciceron dit, et qui nous était si obscur ; *Nobis quidem olim annus erat unus ad cohibendum brachium toga* . . . . .

Deux gros Chiens-Loups assis, la gueule béante, très-beaux : ce sont deux statues que la reconnaissance a élevées aux meilleurs amis de l'homme. On dirait en effet, qu'ils sont placés ici pour défendre l'entrée de ce sanctuaire aux profanes. Pièces très-rares.

Buste colossal du PIERRE LÉOPOLD fait par *Carradori*, avec l'inscription suivante.

PETRUS. LEOPOLDUS. FRANC. AUG. F.

AUSTRIACUS. M. D. E.

AD . URBIS . SUAE . DECUS . ET . AD . INCREMENTA

ARTIUM . OPTIMARUM

MUSEUM . MEDICEUM

OPERIBUS . AMPLIATIS . COPIISQUE . AUCTIS

ORDINANDUM . ET . SPLENDIDIORE . CULTO

EXORNAND . CURAVIT

ANNO MDCCLXXXIX.

CORRIDORS.

Le corridor, que l'on appela proprement en français, la *Galerie*, est composé de deux grandes allées,
qui ont 430 pieds chacune et d'une partie intermédiaire de 97, qui le réunit au sudouest. La largeur
est de 21 pieds, et la hauteur de 20. Les plafonds
sont ornés de peintures à fresque, qui marqent trois
différentes époques de l'école florentine. Celles de
la partie orientale ont été peintes en 1581 ; elles représentent des sujets tirés de l'ancienne mythologie,
et décorés d'ornemens arabesque, et de ces grotesques qu'on appelle à la Raphaël. On les attribue
à *Poccetti:* mais les connaisseurs croient y connaître la touche de plusieurs autres artistes.

18

Dans la jonction des deux ailes du petit corridor on voit des peintures faites vers 1658 par Côme Ulivelli, Ange Gori, Jacques Chiavistelli, Joseph Masini, Joseph Tonelli, etc. etc., dirigées par Ferdinand del Maestro, bibliothécaire du cardinal Léopold. On y voit d'abord ce concile général, qui effectua en 1349 la réunion des deux Eglises, Latine et Grecque... L'établissement de l'ordre de St. Etienne, par Côme I.... Les saints et les saintes des familles Florentines, etc. Tournant au Couchant on voit le triomphe de Florence, sur les autres villes de la Toscane, et les portrais des hommes célèbres qu'elle a produits dans tous les genres. L'incendie de 1762 ayant détruit douze pavillons, ou divisions de ces voûtes, le Prince les fit repeindre par *del Moro, Traballesi* et *Terreni* : Ces peintures sont toutes gravées. On y remarque les Strozzi et les autres Florentins, que les troubles de Florence forcèrent à se retirer en France, où ils trouvèrent les avantages, qui convenaient à la valeur militaire, et à leurs vertus sociales. Chaque division de ce plafond est consacrée à un sujet particulier.

A la tête est :

Florence représentée par une figure emblématique, Ville très-ancienne, et puis Métropole d'une République considérable jusqu'en 1532.

Princes Souverains des Medicis.

Alexandre, Julien, Laurent *Ubaldini*, Frédéric, Guid Ubald.

Cadets de la Maison des Medicis.

D. François, Laurent; D. Gargias. D. Pietro, D. Mathias : Cardinal Charles I, Jean I, Alexandre I, Léopold I, Jean Charles I.

Libéralité envers la Patrie.

Hommes qui se sont distingués dans cette vertu.

Côme Pere de la Patrie, *Léon X*, qui forma l'Archigymnase de Rome, où l'on fait tous les ans son

éloge, comme l'on fait celui de Côme I, dans l'Eglise de S. Laurent à Florence : *Palla Strozzi*. etc.

Fiesole détruite par les Florentins, en 1010 ; et
dont les habitans en 1025 furent admis au droit de
Citoyens dans Florence.

Libéralité envers les Étrangers.

Laurent Capponi qui en temps de disette soutint
pendant plusieurs mois 4000 ouvriers à Lyon ; il mourut en 1573; *Thomas Guadagni* en 1515! emprunta
pour François I 50 mille écus; il édifia un Hôpital sur
le Rhône, e un à Avignon, etc.

Souveraineté dans les Pays Étrangers.

Maurice, Thomas Gerar, et Gherardini, Seigneur de
Ghildaja, e *Desmond* dans les plaines de l'Irlande
qu'ils conquirent pour l'Angleterre : Ils 'y forment la
famille célèbre des Fitzgerald ; *Neri Acciajoli*, Duc
d'Athênes, Seigneur de Thèbes, et de Corinthe. *Thomas. Guadagni* qui posséda plusieurs fiefs en France,
Bernardet de Medicis, Scolari, Pitti etc.

Valeur Militaire sur Mer.

Americ Vespuce, qui a joui de l'honneur d'abor-
der le premier au continent du nouveau Monde, que
la postérité reconnaissante appelle de son nom. Le
Verrazzano qui découvrit une grande partie de l'Amé-
rique Septentrionale pour François I, Roi de France
et qui périt, comme Cook, au milieu de ses décou-
vertes en 1525. *Folchi ; Mannelli*, etc. etc.

Pise soumise à Florence en 1466. Les Pisans por-
tèrent d'Amalphi en 1136, les célèbres Pandectes
qu'on voit dans la Bibliotèque de S. Laurent.

Valeur Militaire sur terre.

Philippe Scolari dit Pippo Spano, dans la Hon-
grie. *Strozzi*, sous Henri IV, à la guerre de Bourgogne etc.

Bonheur.

Ce même *Strozzi* qui eut le bonheur de pouvoir
faire de superbes établissemens en France dans son

20

exil. *Nicolas Acciajoli*, grand Sénéchal du Royaume de Naples etc.

Hospitalité.

On y voit les portraits des Etrangers illustres ,
auxquels la Commune de Florence à accordé l'hos-
pitalité.

P**istoje** célèbre par les deux factions des *Cancel-
lieri* et des *Panciatichi*, conquise par les Florentins en
13 28.

Prudence civile.

Nicolas d'Uzzano qui laissa des legs assez considérables à sa patrie, pour y former une Université: *Donat Barbadori ;* ce citoyen périt sur l'échaf-
faud en 1379, e fut vivement regretté ensuite par ees
compatriottes, *Ange Niccolini* etc.

Magnificence dans les Bâtimens.

Acciajoli Fondateur de la Chartreuse, etc. etc.

Érudition.

Bernard Nelli, disciple du Grec Calchondilas, donnant une superbe édition d'Homère en 1488.

A**rezzo**, une des 12 Villes Etrusque. La République Florentine l'eut sous sa domination en 1384,
en ayant fait le siège avec soixante mille hommes.

Légations.

Parmi les Ambassadeurs on remarque les 12 Florentins envoyés par différentes puissance, au Pape
Boniface VIII, en 1295.

• Secrétariat.

Machiavelli Philosophe profond, Secrétaire de la
République, aussi célèbre par sa politique que par
sa manière d'écrire l'histoire. Les Florentins lui ont
enfin érigé un mausolée dans l'Eglise de St. Croix, qui
est le Westminter de Florence. *Léonard Bruni* , etc.

Mathématiques.

On voit parmi les hommes célèbres dans cette classe
les fameux *Torriccelli* et l'immortel *Galilé* etc.

V**olterre**, une des douze villes Etrusques , qui en

1254 fut soumise à la Commune de Florence, etc.

Amour de la Patrie.

Barthelemi Scala que *Cóme* de *Médicis* logea chez lui. Il bâtit un grand Palais et un Jardin pour y recevoir tous les Savans et les hommes de Lettres étrangers. Il maria sa fille à *Tarcagnota* émigré, pauvre, manquant de tout, excepté de savoir, etc.

Amour des Lettres.

L'amour des sciences et des belles-lettres, ainsi que la protection que quelques hommes puissans ont accordés aux savans, a aussi sa place dans ces plafonds. On y voit *Cóme* père de la patrie; *Laurent* le magnifique *Leon X, Clément VII, Cóme I,* digne imitateur de ses ancêtres, et ensuite *Jean Pic* de la *Mirandola, Politien, Ficin, Calchondilas; Lascaris, Bernard Rucellai,* qu'Erasme a comparé a Salluste pour l'élégance de ses écrits : *Barthelemi Scala.*

Théologie.

Louis Marsili, le plus éloquent parmi ceux qui eurent part au Concile de Florence ; son tombeau est dans la Cathédrale. *Robert Bardi,* Chancellier pendant 40 ans de l'Université de Paris, il mourut en 1392; *Barthelemi Reimbertini*; etc.

Bourg S. Sépulcre. Le Pape *Eugène* IV céda cette ville en 1441, à la République Florentine.

Droit et législation.

Forese da Rabatta, loué par Boccace, etc. etc.

Montepulciano. Le Roi Porsenna passait quelques mois de l'été dans cette Ville ; Florence la soumit en 1390.

Philosophie.

Ciriaque Strozzi, l'interprète de la Nature : *Donat Acciajoli* premier traducteur de la Poétique d'Aristote; *François* de *Vieri,* qui pendant 40 années enseigna la philosophie à Pise et à Florence.

Cortone. Une des douze villes Etrusques. Elle fut

22

assujettie à la République d'Arezzo en 1409. Elle se donna au Roi Ladislas, qui la vendit ensuite aux Florentins en 1501.

Politique.

Machiavel qui servit ses Concitoyens ; *del Bene, Corbinellj*, qui exercèrent leurs talens auprès du Roi de France Henri IV. *Donat Giannotti* etc.

Musique.

Vincent Galilei, père du fameux Mathématicien.

Médecine.

Bruno del Garbo qu'on appela le nouveau Podalire : c'est le plus ancien auteur d'Instructions chirurgicales. *Thomas* fils de Dino del *Garbo*, auteur d'un abregé de *Arte Medendi* en 1350 *Gui Guidi*, etc.

Colle sull'Elsa. Ville qui en 1349, fut soumise aux Florentins : (on y fabrique d'excellens papiers).

Académies.

Jules Strozzi, fait Cardinal en 1598, fonda à Rome l'Académie des *Ordinati*, qui fut la première dans cette Ville, et qui réunissait la Musique à l'Erudition. La plus ancienne Académie de ce genre fondée dans Florence, date de l'année 1540.

Éloquence.

Boccace ; Dellacasa Léonard Salviati, ec.

Histoire.

Ricordano Malespina est le plus ancien parmi les Historiens de Florence; sa Chronique arrive jusques à 1281. *Guicciardini ;* les *Villani* etc.

San Miniato, ville bâtie par Didier Roi des Lombards, conquise par le Florentins en 1370.

Poésie.

L'on voit le *Dante, Petrarque, Gui Cavalcanti, Dellacasa, Pulci, Berni, Alamanni, Burchiello*, etc.

Sculpture.

Avec les portraits des plus célèbres sculpteurs du XIV et du XV siècle ; *Laurent Ghiberti ; Luc* de la *Robbia ; Donatello ; Michelange ; Bandinelli*, etc.

Architecture.

Il y a le *Brunelleschi* à côté duquel est son chef d'œuvre, la Coupole de Florence ; puis vient Buonarroti avec le Dôme de S. Pierre de Rome ; enfin *Giotto, Orcagne, Leon Batista Alberti.* Ce dernier fut l'Auteur d'un traité sur les régles de l'Architecture, de la Perspective, et de l'Optique, en 1430. Tous ces hommes se sont signalés par quelques fameux monumens qui subsistent encore.

PRATO, Ville près de Florence ; achetée par la République Florentine en 1350.

Peinture.

Ici sont les portraits de ses restaurateurs, tels que *Cimabue*, que Charles d'Anjou alla visiter en grande pompe dans son propre atelier. *Giotto, Masaccio* et le *Frate*, ou Barthelemi de la Porta, qui eut la gloire de contribuer à la perfection de Raphaël, et de l'égaler dans bien des parties. On y a placé aussi les portraits de *Léonard* de *Vinci,* qui fut aussi grand peintre qu'excellent écrivain sur le principes de l'art, est sur plusieurs points de sciences. Ses manuscrits sont aujourd'hui dans la Bibliotèque impériale à Paris. On voit ensuite le portrait d'*André* del *Sarto*, peintre du plus grand mérite ; puis celui du *Bronzino*, du *Cigoli*, dit le Titien Florentin, etc.

Agriculture.

On a placé ici les portraits des Auteurs Florentins, qui ont écrit : 1.° sur la culture de la Vigne tel que *Soderini* : 2.° sur l'Olivier ; *Pier Vettori ;* et *Marcel Virgile*, qui dés 1480 donna une méthode pour classifier les végétaux. On voit ensuite des portraits d'écrivains, qui ont enseigné la meilleure manière de fertiliser le champs.

LIVOURNE, port de mer acheté des Génois par les Florentins en 1421, et qui doit sa splendeur au dépérissement du Port Pisan. Enfin toutes les vertus civiles, morales, et politiques de plusieurs Florentins

24

célèbres , sont éternisées dans cette partie de la **Ga-**
lerie , qu'on peut regarder comme un monument
historique , que le bon goût, la reconnaissance , et la
fortune des **Médicis** ont élevé à l'honneur de la Patrie , et des citoyens illustres , qu'elles se glorifie d'a-
voir nourris dans son sein.

Portraits des Hommes illustres.

On voit, tout près du plafond , une suite de plus
de 5oo portraits , d'hommes illustres, soit par les
armes soit par l'érudition , qui ont rapport à l'histoire de Florence , depuis le commencement du **XIV**
siècle particulièrement ; ils sont rangés par ordre
chronologique , et forment une des principales curiosités de cette fameuse Galerie ; ce recueil fut commencé par *Paule Jove* , évêque de Nocère, qui , à
la rennaisance des lettres , entreprit (à l'exemple de
Varron) de rassembler les portraits de tous les hommes célèbres , dans une maison de campagne , auprès de la ville de Côme. Il mettait au-dessous de chaque portrait un éloge latin : On en a le recueil en deux
volumes Le grand Duc Côme I envoya *Cristophe*
Papi dell'Altissimo auprès de *Paul Jove* pour en faire
des copies ; et depuis ce temps là on en a ajouté
plus de 4oo autres, faits , ou d'après nature , ou d'a-
près des originaux, pour completter la collection de
portraits des hommes célèbres de tous les pays ; aussi
les curieux y ont souvent recours , en faisant copier
quelques-uns de ces portraits.

On voit d'abord des portraits d'anciens héros, qui,
tirés d'après des médailles , des bustes et des descriptions , passaient pour être ressemblans du temps de
Paul Jove ; tels sont Artaxercès, Alexandre, Annibal , etc. A la droite sont les Pontifes, que *P. Jove*
avait recueillis pour en publier les éloges ; les Car-
dinaux viennent ensuite ; et puis les Théologiens,
Jurisconsultes, les Historiens, et ceux enfin, qui
avaient acquis de la réputation dans d'autres bran-

ches de Sciences. Vis à-vis ceux-ci, sont les Empereurs, les Rois, les Princes, et leurs plus célèbres Ministres. On voit ensuite les portraits de ceux qui, dans différentes familles, eurent, plus ou moins, la souveraineté de quelques villes en Italie, et dehors.

On doit remarquer dans la famille de Médicis le portrait de *Catherine*, femme d'Henri II, qui apporta en France un grand fond de manuscrit acquis par Côme le Grand. On voit après, le portrait de *Corso Donati* exécuté en 1308 comme ennemi de la liberté, fait par Giotto, et copié ensuite par Christophe *dell' Altissimo* pour Côme premier. Plusieurs portraits d'Amiraux, de Généraux, etc. terminent cette collection, à la quelle est ajoutée celle des Princes, et Princesses de la Maison de Lorraine.

Marbres.

Sur le premier *Sarcophage* on voit représenté différentes époques de la vie d'un Héros, suivant ce qu'on en dit dans le journal de Rome, relatif aux anciens monumens (*Guattani juin etc.* 1784).

I. On voit d'abord le mariage qui se fait avec la plus grande cérémonie ; l'époux et l'épouse sous une tente, se donnent la main pour gage, comme c'était la coutume. Junon *pronuba*, tient les mains sur les épaules de l'un et de l'autre ; le petit Hymen tourne vers eux, tient son flambeau allumé ; deux autres personnes, homme et femme assistent peut-être, comme parens, ou comme témoins ou pour honorer la cérémonie. A côté de cette troupe est représenté un sacrifice ; le *Popa* tient un taureau par les cornes ; le Victimaire hausse sa hache pour lui donner le coup. Le sacrificateur, qui est l'époux, verse sa patere sur le feu ; et il est fort remarquable qu'il n'a pas sa tête voilée. Un joueur à deux flûtes est présent au sacrifice, qui se fait devant un temple ; l'autel n'est qu'un trepied, tel qu'on en voit dans d'autres monumens. Voilà déjà deux actions ; le Mariage, et le Sacrifice :

on voit ensuite une femme qui présente un petit enfant à un homme revêtu d'une tunique et d'une clamide, qui tient un rouleau d'une main, et qui paraît être un personnage de considération : c'est toujours le même que l'époux ou le sacrificateur : c'est peut-être le fruit de son mariage qu'on lui présente : une figure le suit, tenant une branche de palmier dans sa main : cela a probablement pour objet d'indiquer ses talens ou ses exploits militaires. A l'un des deux côtés latéraux de ce même monument, on voit un vieillard assis, et une figure courbée qui peut être lui ajuste sa chaussure ; et sur le coin on voit deux hommes à cheval à la poursuite d'un sanglier avec des chiens de chasse. Du côté opposé est une femme assise et voilée, qui paraît être la mère. Une autre femme tient un petit enfant nu. Il y a une colonne quarrée surmontée d'un globe, et deux femmes qui tiennent leurs mains dessus. Une de ces femmes porte un livre. Il y a ensuite un vieillard assis derrière un enfant revêtu d'une chlamide, qui paraît lire dans un livre qu'il tient. Une autre jeune personne tient de sa main gauche un masque avec des boucles de cheveux, pendans des deux côtés.

II. Proserpine, fille de Jupiter et de Cérès ; un jour qu'elle se promenait dans les agréables prairies d'Etna en Sicile, cueillant des fleurs avec les nymphes ses compagnes. Pluton la voit, en devient amoureux et l'enlève. Il était par sa laideur odieux aux femmes, et il fut obligé d'user de surprise et d'enlever de force celle qu'il n'aurait jamais pu résoudre autrement à l'accepter pour mari. Il emporte Proserpine sur son char à quatre chevaux, dont les noms, selon Claudien, sont *Orphneus*, *Æethon*, *Nycteus* et *Alastor*, noms ténébreux et funestes. Mercure en avant, Cupidon qui vole au-dessus, tient un flambeau pour l'hymenée : une

Nymphe sous les chevaux avec la corne Amaltée, une bacchante à demi-couchée, qui par cette attitude marque les fatigues de la danse qu'on faisait à perte d'haleine pour honorer le Dieu du vin. Minerve suit avec une Nymphe, compagne apparemment de Proserpine ; Cérès sur un char tiré par des serpens, tient un flambeau ; un panier est renversé. Deux Nymphes aux deux bouts ont des fruits et des fleurs dans les juppes retroussées ; un autel avec la flamme. Dans un des côtés Mercure avec Proserpine : dans l'autre Hercule avec sa massue, qui ôte le voile à la même Proserpine.

III. L'Histoire d'*Hyppolite*. On le voit d'abord faisant un sacrifice à Diane suivant l'usage des chasseurs ; ensuite on le voit refuser les insinuations de la nourrice, et s'éloigner du palais, laissant Phèdre éplorée au milieu de ses servantes ; enfin, on le voit attaquant le sanglier dont Sénèque parle expressément dans son Hyppolite. On voit à côté de lui la Vertu, représentée en habit de guerrier, comme dans plusieurs médailles. Les uns avaient expliqué ce monument pour Vénus et Adonis ; les autres par Méléagre et Athalante ; mais il paraît que c'est ici la véritable explication ; elle doit servir aussi pour un bas-relief de Pise, et pour celui de la Villa Panfili à Rome, qui n'avaient pas été bien compris.

IV. La chûte de Phaeton : *Phaeton* était fils du Soleil et de Clymène : d'autres disent de la Rose ou Rhode, ou même de l'Aurore. Ayant eu une dispute avec Epaphus, fils d'Io, celui-ci lui reprocha de n'être pas fils du Soleil, comme il s'en vantait. Phaeton s'en plaignit à sa mère, qui lui conseilla d'aller trouver son père, et de le prier de lui confier la conduite de son char. Le père consentit à cette demande, quoique avec peine. Le jeune imprudent, après avoir conduit quelque temps le char du Soleil, ne put contenir ses coursiers, qui effrayés par le Scorpion, approchèrent si fort de la terre qu'elle en fut embrasée. Phaëton périt lui-même au milieu des foudres, précipité dans l'Eridan, et ses sœurs, les Héliades, furent métamorphosées en peupliers (*Ovid. Mét. l. 2. Fab. 1.*) D'autres les croient changées en larix, arbre résineux, comme il paraît de voir sur une médaille de Publius Accolejus Lariscolus. On voit du côté opposé une course au cirque, remarquable en ce qu'on y lit les noms des chars qui entrent en lice, du moins suivant la conjecture des savans, on lit *Libio, Jubilatore, Dicaeosyne, Eucrammo*; près de la tête de trois auriges on lit *Liber, Poliphemus, Trophimion*, on croit que ce sont leurs noms. Il manque celui du quatrième; les interprêtes suppléent *Eutyones.*

V. Les Dioscures: on croyait y voir avant *Winkelmann* l'enlèvement des Sabines. On raconte qu'Idas et Lynceus, fils d'Apharée de Messène, avaient pour amantes Phébé et Hilaria, filles de Leucippe: Phébé était prêtresse de Minerve, et sa sœur l'était de Diane. Castor et Pollux en devinrent amoureux, et les enlevèrent. Leurs amans prirent les armes, pour les délivrer des mains des ravisseurs. Castor tua Lynceus; Idas, après la mort de son malheureux frère cherche à lui donner la sépulture. Castor survint et voulut s'y opposer, disant qu'il l'avait terrassé comme il aurait fait d'une timide femme. Idas, indigné, tira son épée et le tua. A peine Pollux en fut instruit, qu'il accourut pour venger son frère. Idas expira sous ses coups. Il s'occupa ensuite de donner la sépulture à Castor. Comme il avait lui-même reçu de Jupiter une étoile, tandis que son frère, né du sang de Tindare n'en avait pas, demanda à son père de partager avec son frère cette marque distinctive, ce qui lui fut accordé.

VI. Les Exploits d'Hercule. On voit 1.° Hercule apportant le lion Néméen : 2.° Assommant l'hydre

Lernée, à têtes de dragon, de sa massue; 3.° avec le sanglier Arimantien, et Euristhée par la frayeur entre le *Dolium*; 4.° avec la biche aux cornes d'or et aux pieds d'airain, il la tient par son bois. Ce héros qui est sans barbe jusqu'ici, est représenté plus âgé et avec sa barbe dans les exploits suivans : 1.° chassant les oiseaux du lac de Stymphale, et les tua à coups de flèches; 2.° terrassant l'Amazone; 3.° nétoyant les écuries d'Augias; 4.° aux prises avec le taureau, etc.

VII. Les Neuf Muses se trouvent ensemble avec Apollon, difficiles à reconnaître; Clio, couronnée de laurier, doit avoir un volume, et une trompette; Erato, couronnée de fleurs, avec la double flûte et un masque; Calliope, un volume comme lui devant l'invention du poëme héroïque; Uranie est la plus reconnaissable de toutes par sa sphère; Euterpe, qui inventa la tragédie, avec un masque et une massue, parce que, selon Aristophane, la tragédie était consacrée à Hercule; Apollon, presque nu, est à gauche, avec le tripode et le serpent; Melpomène après; puis Terpsicore. Celle qui vient après, et qui est appuyée sur une colonne quarrée, pourrait être Talie; la 9.ᵉ Polymnie. La commune opinion les fait filles de Jupiter et de Mnémosine : quelques-uns les ont rapportées à certaines constellations. (V. *Lilius Gyraldus.*)

VIII. Le triomphe de Bacchus. Ce sarcophage est d'un travail parfait. La pompe est précédée par des esclaves enchaînés : deux tigres sont attelés au char d'Arianne, et deux centaures, mâle et femelle, à celui de Bacchus, avec Acratus au flanc. Une victoire ailée le précède; des Amours, des Faunes, des Menades le suivent.

IX. Sarcophage décoré des divinités de la mer. On y voit des Néréides, des Tritons, des Dauphins et des Amours ailés, qui portent des corbeilles rem-

plies de fleurs et de fruits. Des raies bleuâtres que
le hasard a fait trouver dans le bloc du marbre, représentent les ondes de la mer. C'était l'opinion des
anciens que les Champs Élysées étaient dans une
île de l'Océan; c'est pourquoi l'on voit souvent des
Divinités marines représentées sur les sarcophages.

X. Des Divinités comme ci-dessus, deux des quatre
soutiennent un écusson, où l'on devait peut-être graver quelque inscription.

XI. Il est décoré de seize figures y compris Athalante deux fois répétée, et quatre chiens; c'est la
chasse de *Méléagre* : on trouve cette histoire représentée sur plusieurs sarcophages étrusques C'était
ou pour marquer la fatale extinction du feu de la
vie, ou pour rappeler le sort d'un héros de la nation.

Méléagre était fils d'OEneus, roi de Calydonie,
et neveu d'Élime, roi des Tirhéniens; (il était donc
toscan ou étrusque d'origine). A sa naissance,
sa mère vit les Parques qui tenaient un tison, à la
durée duquel la vie de son fils était attachée, ensorte qu'il devait mourir quand le tison serait entièrement brûlé. Altée l'éteignit et le conserva soigneusement. OEneus, roi d'un pays gras et fertile,
offrait tous les ans aux Dieux les prémices des fruits :
il arriva qu'une fois il négligea d'en offrir à Diane.
La Déesse indignée d'un tel oubli, envoya un sanglier de grandeur énorme, qui faisait un dégât épou-
vantable dans la campagne, et sur tout une vigne
d'OEneus, qu'Ancée, fils de Neptune avait plantée,
et qu'il cultivait avec beaucoup de soin, conjointe-
ment avec OEneus. Ancée était un homme dur et
fâcheux à ses serviteurs. Un d'entre-eux lui prédit
qu'il ne goûterait jamais du fruit de sa vigne. Le
temps de la vendange arrive, on cueille le raisin,
on en fait du vin; Ancée en remplit un gobelet, et
se moque de la prédiction du serviteur, qui lui ré-

pond : il y a encore bien de la distance entre ce gobelet et vos lèvres. Dans ce moment un messager arrive et lui annonce qu'un sanglier monstrueux ravage sa vigne. Ancée laisse le gobelet sans boire, il y coure armé d'une hache et est tué. Les plus fameux héros grecs le vinrent combattre, il en tua plusieurs, mais il fut enfin tué par Méléagre, accompagné de Tésée, Jason, Pirithoüs, Castor, Pollux, de la Nymphe Atalante, etc., etc. Atalante le blessa, Méléagre l'acheva d'un coup à l'épaule : sa grandeur était si prodigieuse, qu'on disait qu'une de ses dents, conservée dans un temple de Bacchus à Rome, avait un pied et trois pouces de longueur. Méléagre donna à Atalante la peau du sanglier, comme une marque d'honneur. Plexipe et Toxée, frères d'Althée, et oncles de Méléagre, choqués de ce qu'une fille avait l'honneur de la victoire, lui enlevèrent cette peau : Méléagre, indigné de cet affront, les tua tous les deux, et épousa Atalante, de laquelle il eut un fils nommé Parthenopée. A la nouvelle de la mort de ses deux frères, Althée devint furieuse, et pour s'en venger sur son propre fils, elle mit au feu ce tison fatal, qui ne pouvait être consummé qu'avec Méléagre ; le héros se sentit brûler les entrailles, dès que le tison fut dans le feu, et expira dès qu'il fut réduit en cendres. Au côté gauche, on voit son sépulcre.

Bustes.

La suite des Empereurs de Rome, et de leurs familles en bustes antiques, est des plus complètes ; et il y en a très-peu sur lesquels on puisse avoir quelques doutes : au surplus, *Bottari* convient qu'il y en avait de douteux même dans la collection du Capitole.

On a généralement observé à Rome, que les mêmes têtes, qui sont rares en médailles, le sont aussi en marbres ; mais pourtant, il faut excepter le Tibère, rare en médailles, et non pas en bustes ; c'est le contraire pour Agrippa et Caligula, dont on trouve beaucoup de médailles et peu de bustes. Par rapport à l'excellence du travail, les bustes qui méritent le plus d'attention, sont ceux qui représentent Auguste, Agrippa, Vespasien, Othon, les deux de Néron, Ælius Vérus, Adrien, Marc-Aurèle, Lucius Vérus, Pertinax, Geta, Didius, Julien, Albin, qui est extrêmement bien fait, et en albâtre, ce qu'on voit bien rarement ; Caracalla, Plautille, Gordien l'africain, le vieux ; Héliogabale, Gallien le vieux et le jeune, et Pupienus.

Jules-César, bronze très-ressemblant aux médailles les plus authentiques. Cet homme ne fut pas moins ambitieux de gloire militaire que protecteur des Arts ; plusieurs Musées dans Rome lui doivent leur fondation ; il acheta pour 80 talens deux tableaux de Timomaque : il fit la première collection en Histoire-Naturelle. Le travail de ce buste est beau, la physionomie bien caractérisée, et d'accord avec l'histoire ; le visage maigre et un peu alongé, les yeux vifs et pleins de feu ; tous les traits qui annoncent l'activité, la pénétration et l'étendue du génie ; il a le front chauve, qui paraît tout à découvert. Ce buste aura été moulé, sans doute, avant qu'il eut obtenu du Sénat le privilège de porter toujours la couronne de laurier ; privilège qui lui devint si cher, parce qu'il cachait cette prétendue difformité à laquelle il était sensible ; tant il est vrai que les plus grands hommes tiennent toujours par quelques endroits aux faiblesses de l'humanité. — Autre buste de César, en marbre. Dans tous les deux on remarque la façon de ramener les cheveux du sommet de la tête sur le devant.

Pompée ; il n'y a pas d'autre raison pour le placer ici, que celle qui le fait mettre à côté de César dans les collections de médailles. C'est depuis peu qu'on lui a assigné cette place.

Auguste; il est avec les traits que *Suetone* lui attribue, d'une belle figure qui se conserva toujours dans les changemens qu'y apportait l'âge. Les cheveux sont légèrement crépus, les sourcils épais et unis ensemble; les oreilles petites et bien faites; le nez élevé du haut et rabattu par le bas. On voit trois bustes de cet Empereur, dont chacun marque un âge différent: le plus âgé est remarquable par la réunion des sourcils, indiqué par *Suetone*. On frappa une quantité prodigieuse de monnaies d'or, d'argent et de cuivre; on fit de même du temps de Nerva, Trajan, Adrien, Antonin, Marc-Aurèle et Commode.

Julie, fille d'*Auguste*; c'est une beauté accomplie: l'exécution supérieure de ce beau portrait et celle du buste de Marcus Agrippa, prouvent très-bien que la sculpture n'eut pas une plus belle période à Rome; Domitien fit représenter Julie sous la forme d'une divinité, même de son vivant; et le fit, dit-on, pour en voiler l'infamie.

Marcus Agrippa, gendre d'Auguste : le sourcil élevé, les yeux couverts et retirés, le visage sévère, sans dureté : très-ressemblant, suivant ce que *Tacite* nous apprend de ce grand homme.

Livie, fille de *Livius Drussus Callidianus*, princesse d'une beauté extraordinaire, d'un génie supérieur, d'un cœur corrompu; Caligula la nommait un Ulysse déguisé: la tête est voilée. Plusieurs provinces lui frappèrent des médailles avec le titre flatteur de *Mater patriœ* et de *Genitrix Orbis*, que Rome ne lui accorda point.

Tibère; les yeux grands, les traits majestueux, qui annoncent encore la fraîcheur de l'âge et sa force; cela fait croire que ce buste est des premiers temps de cet empereur, et non pas des dernières années, lorsqu'accablé de débauches et d'inquiétudes, sa physionomie eut tout-à-fait changé; son visage n'était presque jamais sans pustules ou boutons; défaut que l'artiste a eu raison d'éviter: règne 22 ans et 5 mois.

Drusus sou frère; il vécut assez pour sa gloire, et trop peu pour le bien de l'état.

Drusus, fils de Tibère et d'Agrippine, fut assassiné par Livilla sa femme.

Antonia, mère de Claude, femme d'un grand mérite; on la reconnaît à la modestie de ses regards, à la tranquillité de ses traits, à la décence de son habillement, que l'Artiste a parfaitement bien rendus. Caligula son neveu lui donna le titre fastueux d'*Augusta*, et lui conféra les honneurs attribués aux Vestales. Ce buste est beaucoup estimé.

Agrippine, femme de Germanicus et mère de Caligula, que le soupçonneux Tibère força à se laisser mourir de faim: femme vertueuse, représentée avec cette noblesse de sentimens qui faisait son caractère.

Cajus César *Caligula*, règne 3 ans et 10 mois, les sourcils froncés, les yeux enfoncés, le regard sévère, et de travers, le front ridé comme un vieillard, avec les traits de la jeunesse, (que l'habile artiste à soigneusement caché) ce qui prouvait dit-on, l'atrocité de ses desseins et de ses pensées. La forme de sa tête est alongée et chauve dans la partie supérieure. Il avait une paleur habituelle, que le marbre semble indiquer, ce buste est bien fini et traité avec beaucoup de vérité. C'est un morceau précieux, car les bustes de cet empereur ne sont pas moins rares que ses médailles. Tout fut détruit dans ce genre; dès que le Tribun Cassius Cherea délivra Rome de cet homme cruel; on l'estime valoir plus de 500 écus.

Brittanicus César fils de Claude et de Messaline et frère de *Néron*, qui le fit empoisonner, après l'avoir privé de son héritage.

Claude, régna 13 an, 3 mois et 20 jours : ses traits annoncent cette ineptie, cette pesanteur, qui caractérisent dans toutes ses actions cet homme, auquel la moindre application donnait un tremblement de tête, qu'il ne pouvait arrêter; on verra même que la bouche est traitée de façon à faire reconnaître un autre défaut naturel de ce faible prince, dont parle *Juvenal* (sat. 6.)

Statilia Messaline, femme de Néron, célèbre par ses débauches: ce buste est en albâtre; la tête en marbre. La fête dont elle régala Silius son amant, est très-bien décrite dans *Tacite*, ainsi que sa mort tragique et pleine d'horreur. (Nom injurieux aux beau Sexe).

Claude Domitien Néron, par lequel finit la suite des douze Césars. Ce buste manquait dans la collection d'Albani, et celui qui est au Capitole n'est pas réputé bien Ancien. On remarque un médaillon du plus grand modèle dans le médailler de la Galerie, représentant cet Empereur : mais ce qu'il présente de plus particulier, c'est la date de la 13 année de son règne : *Mezzabarba* n'en décrit que deux seuls existans. Ce buste est travaillé d'une excellente manière; ses traits ont plus de bonté que d'agrémens; l'air riant sous lequel il est représenté, semble être affecté et cacher de la cruauté; il oublia bien vîte les belles paroles *utinam litteras nescirem;* il a le visage plein, et les cheveux frisés par étage; mode qu'il avait prise des Grecs, au rapport de *Suetone*, et qu'il porta à l'excès. L'autre buste de Néron, fait dans son enfance, montre une physionomie très-douce. Le travail en est bien estimé. Il régna 13 ans et 8 mois.

Poppée, femme ou maîtresse de Néron, la plus belle femme, de son siècle: ses traits sont délicats et pleins d'agrémens; le regard franc, vif et hardi qu'on lui a donné, annonce qu'elle faisait trophée de sa fortune, et de son état.

Galba : on lui voit des traits de force qui prouvent

que l'ouvrage est d'un bon artiste, mais on n'y re-trouve pas, comme dans les précédens, ces traits fins et marqués, qui caractérisent l'homme. Galba régna 6 mois, et ses bustes sont rares. Après la mort tragique de cet empereur, sa tête ayant servi de jouet à des valets d'armée, fut achetée cent pièces d'or par un affranchi de *Probus* (affranchi de Néron), qui l'ou-tragea en mille manières, devant le tombeau de son maître, que *Galba* avoit puni du dernier supplice.

Othon, buste plus rare encore et plus précieux que les médailles d'or et d'argent de cet empereur ; on y retrouve le visage plein et effeminé de ce prince, qui n'eut pas le courage de porter le sceptre plus de trois mois, et qui céda à sa première disgrâce, mais qui se faisait raser tous les jours, qui même dans les camps vivait avec luxe: pour remplacer les cheveux qui lui manquaient, il portait une petite perruque ronde, et frisée, aussi courte devant que derrière. Cet empereur manquait tellement de che-veux que son assassin *Fabulus*, fut obligé d'en em-porter la tête enveloppée dans sa robe, n'ayant rien pour la tenir à la main: il disait des Romains qu'intol-lérans pour le joug, ils n'étaient pas faits pour jouir d'une liberté entiere. *Suetone* et *Juvenal* (Sat. 2.) par-lent beaucoup du luxe ridicule, et de la mollesse de cet empereur. Quant à l'exécution de l'art, *Vinkelmann* dit, que ce buste est le plus beau qu'on connaisse.

Julie, fille de *Titus*; outre ce buste il y en a deux autres têtes: Domitien se plaisait à la faire représen-ter sous la forme de Cérès, ou de Vesta.

Vitellius; on croit le voir avec cette taille prodi-gieuse et ce teint enflammé que *Suetone* lui attribue: il est extrêmement gras et gros, et a bien l'air d'un homme, qui passait son temps, et ruinait les autres, à faire grande chère; et qui ne savait parler et s'occu-per d'autre chose ; dans 8 mois il dépensa neuf mil-lions de sesterces en soupers.

Vespasien, belle tête, traitée avec les détails heureux, qui caractérisent l'attention, l'activité, et la
grandeur d'ame de cet empereur ; le front est ridé ;
les yeux sont couverts, mais point durs ; le nez aquilin, les joues larges ; il a un certain éclat de majesté
répandu sur tout son visage : régna 10 ans.

Titus fils de Vespasien ; la majesté, la beauté, la
grâce, cette bienfaisance qui caractérisent ce prince, et qui en firent les délices du monde, sont habilement exprimées sur ce marbre précieux. On sait
que les portraits de ce Prince furent très-multipliés ;
mais c'est peut être, à cause de la courte durée de
son Empire qu'ils sont assez rares. Régna 2 ans, 2
mois.

Domitilla ou *Plautina* peu connue : ce buste est
d'un très-beau travail, et très-ressemblant à ses médailles.

Domitien : n'a pas dans son buste cette beauté et
cette force qu'on lui donne dans les médailles ; ce
qui peut venir de ce qu'il n'a pas été bien conservé,
et qu'il a été ensuite restauré par un artiste qui a
travaillé d'après sa propre idée, et non sur aucun
buste original : il manque d'expression, le travail en
est froid. Il y en a peu qui aient échappé à la juste
indignation que le Sénat témoigna contre ce Prince,
en faisant supprimer et ses images, et les monumens
qui pouvaient servir à conserver sa mémoire, qui
sera en horreur a tous les siècles, à cause de ses cruautés, et des autres vices qui le rendait odieux à tous
ses sujets. Régna 15 ans, 6 mois ; et *Phithis* sa nourrice
lui fit de modiques funérailles : elle en fit porter furtivement les cendres dans le temple de la maison
Fulvia, et elle les méla avec celles de *Julia* fille de
Tite, qu'elle avait aussi élevée dans son enfance.

Domitia, de belle exécution, et qui paraît bien
faire portrait. Elle était femme de Lucius Ælius
Lamia, Sénateur romain, et puis de Domitien : trois

bustes. L'arrangement de ses cheveux fait croire qu'elle portait des cheveux postiches. On appela cette coiffure *Galericula*, par la ressemblance qu'elle avait à un casque. C'est la première femme qui eut l'honneur d'une médaille qu'on trouve rarement dans les Cabinets.

Nerva, Vieillard d'un aspect majestueux, que son équité éleva sur le trône : il est de proportion plus grande que nature, ce qui fait 'que son nez aquilin paraît d'une grandeur énorme. Régna 1 an et 4 mois.

Trajan : son buste est de bonne manière ; la plupart de ses traits semblent répondre à ces grandes qualités si connues. — Trois bustes semblables, dont un est colossal. Plusieurs Espagnols vinrent s'établir à Rome sous son règne, remplaçant ainsi les anciennes familles anéanties sous Néron et sous Vespasien ; régna 19 ans et 6 mois.

Marciana, digne sœur de Trajan. (Ici la maison *Niccolini* en possède deux des plus précieux, et aussi de Plotina.)

Plotina, femme de Trajan : buste du plus beau travail, et de la plus grande rareté. Le Sénat accorda le titre de *Diva* à Plotine après sa mort. C'est, peut-être, à la modestie de cette Impératrice que nous devons attribuer la rareté de ses portraits.

Matidia fille de Marciane, nièce de Trajan et belle-mère d'Adrien. La physionomie ressemble à celle qu'on voit sur les rares médailles de cette Princesse. Les deux mains en accompagnent le buste : la gauche porte un *volume* et le poignet droit est décoré d'une *Armille*.

Adrien, beau visage, les cheveux peignés avec art, ce qui est une distinction remarquable, pour ce temps ; la barbe large et épaisse, entretenue de ce volume pour couvrir quelques difformités naturelles, que ce prince avait sur le visage (*Spartianus*);

ces parties sur-tout, sont d'un excellent travail.
Ce buste peut donner une idée de l'état florissant,
dans lequel la sculpture était au temps de cet Empereur. — Autre buste, représenté beaucoup plus
jeune : tête admirable. Régna 20 ans et 11 mois.

Ælius César, adopté par Adrien et destiné à lui
succéder, s'il lui eût survécu; il était beau, son
aspect majestueux inspirait le respect; mais il était
de la plus faible santé : il semble que l'artiste ait
rendu tous ses sentimens, tant le buste est bien fait.
Les foudres qu'on voit représentées sur sa cuirasse
sont une marque de sa valeur militaire.

Sabine, femme d'Adrien et fille de Matidia; d'un
beau travail et bien fini.

Antonin le pieux, du plus beau travail, très-
ressemblant aux médailles et aux statues antiques
de cet excellent prince; qui sont fort communes.
Régna 22 ans et 6 mois.

Les deux *Faustines,* mère et fille, toutes deux
de bonne main et bien conservées : les bustes de
de la mère sont très-nombreux.

Galère, fils d'Antonin, représenté dans son enfance : ce buste, d'un excellent travail, est très-
estimé par les connaisseurs.

Annius Verus, fils de Marc-Aurèle, enfant âgé
d'environ sept ans, temps auquel il mourut : un
décret du Sénat ordonna qu'on porterait sa statue
à ses funérailles, ce qui n'a été fait pour aucun
autre enfant de cet âge : ce buste est l'un des plus
précieux de cette collection; le travail en est admirable. Les médailles de ce Prince sont fort rares.

Un autre buste qui suit; et qui porte le même nom,
est probablement un *Marc-Aurèle* dans sa jeunesse.

Marc-Aurèle Antonin le philosophe : il y a de
suite quatre bustes à différens âges; il n'est pas
étonnant que ses portraits soient si fort multipliés.
Capitolin a écrit que quiconque n'avait pas chez

lui son portrait, était réputé sacrilège ; et que ses statues étaient conservées parmi celles des Dieux Pénates. Le premier paraît fait sur la fin du règne de ce Prince : il est d'un grand caractère ; la barbe et les cheveux peu soignés, sont bien rendus. — Le second a moins de barbe, et il est beaucoup plus beau. — Le troisième paraît être du temps qu'il fut adopté par Antonin, à l'âge de 15 ou 20 ans, règne 19 ans et 10 mois.

Faustine la jeune, femme de Marc-Aurèle : deux bustes ; dont l'un paraît d'un travail moderne. Elle fut déifiée et prit le titre de *Mater Castrorum.*

Lucius Verus, trois bustes : il fut associé à l'Empire par son frère Marc Aurèle ; il avait le visage parsemé de boutons, la barbe longue et abattue, telle que la portaient les barbares, et une gravité majestueuse dans toute la figure. Il se plaisait à se faire multiplier les portraits. Quoique voluptueux, il fit la guerre aux Parthes, et ses victoires lui valurent le surnom de Partique : (*Capitolin*) dit qu'il était autant adonné aux débauches que Caligula, Néron et Vitellius. qu'ayant la tête couverte du *cucullion*, ordinaire des voyageurs, il allait de nuit dans les cabarets, etc. Régna 9 ans avec son frère.

Lucille, fille de Marc-Aurèle et de Faustine, à qui elle ressembla par le dérèglement et par l'effronterie de sa conduite. Il y a eu deux *Lucilles*; la première femme d'*Ælius*, et la seconde femme de *Lucius Verus*.

Commodus, fils de Marc-Aurèle et de Faustine ; cette tête est d'un excellent travail, c'est celle d'un jeune homme dont tous les traits sont beaux, le visage est grâcieux, et d'un bel embonpoint, les cheveux sont bien traités ; il semble avoir déjà dans la physionomie quelques signes de cette sotte faiblesse, qui le rendit si facile aux mauvais conseils et si indigne du rang qu'il occupait. *Hérodien* nous dit, qu'il avait la main si sûre, qu'il perçait d'un dard ou d'une flèche, tout ce qu'il voulait, en sorte, qu'il ne tirait jamais un second coup, et que toutes les plaies qu'il faisait au lions, panthères, et autres bêtes féroces, étaient mortelles : une des preuves de son extraordinaire habileté était, que tirant une flèche dont le fer était en demi-lune, et tranchant par le dedans, il coupait la tête aux oiseaux à la volée, en sorte que la tête tombait d'un côté, et le corps de l'autre. Ses bustes (il y en a deux ici) sont rares, parce que le Sénat en ordonna la destruction à cause de sa conduite folle et odieuse. Le travail en est excellent et expressif de tous les caractères, qui le rendirent indigne de sa haute dignité. On commence ensuite à s'apercevoir de la décadence de l'art, relevée par Adrien. Régna 12 ans et 9 mois. Après sa mort on enterra beaucoup d'or et d'argent.

Pertinax; vieillard vénérable qui a la barbe longue, les cheveux hérissés et mal en ordre ; de l'embonpoint et une taille majestueuse. Le travail en est le plus beau qu'on connaisse et conforme à la vérité historique (*Jul. Capit.*) Régna 2 mois.

Crispina, femme de Commode, représentée à la fleur de son âge, dans les premiers temps de son mariage : il y a beaucoup d'expression et de finesse dans cet ouvrage, c'est encore une Impératrice débauchée.

Didius Julien; on sait ce qu'il était, et son portrait rendu avec beaucoup de vérité, de mouvement et d'esprit, annonce un vieillard encore livré à ses passions, qui n'acheta l'empire que pour le perdre aussitôt (*Auson*).

Pescennius Niger, Tyran, fut prié par le Sénat de se faire reconnaître Auguste, et de détrôner Julien. On doute qu'il soit antique.

42

Didia Clara fille unique de Didius Julien, et de Manlia Scantilla, sa femme. L'une la plus belle, l'autre la plus laide de son temps: Ces bustes ressemblent peu aux médailles.

Septime Sevère ; belle tête, pleine d'esprit et de mouvement, et bien exécutée par les Artistes habiles qui existaient encore de son temps· il y á quelque chose d'austère et de dur dans la physionomie qui caractérise cet Empereur, la barbe est épaisse et négligée. Deux bustes. Régna 17 ans et 8 mois.

Julia Domna, femme de Septime. Deux bustes; l'un où elle est représentée avec la beauté, les grâces et la majesté, qui la rendirent si célèbre à Rome et en Syrie; l'autre, où la vieillesse lui a enlevé ces avantages, et ne lui a laissé que quelque majesté dans la physionomie. Elle se laisse périr de faim, par ce qu'elle ne peu parvenir à s'emparer de l'empire.

Albin, compétiteur de *Sevère* à l'empire, et qui en conserva le titre pendant quelques années dans les Gaules : le mélange de vices et de vertus qui paraissait dans le caractère de cet Empereur affricain, et ses talens militaires, lui valurent le nom de nouveau Catilina. Il a la barbe épaisse, crêpue et courte, et tous les traits qui caractérisent un guerrier: ce buste est d'albâtre, traité d'une grande manière et d'une entière conservation.

Antoine Caracalla: ainsi appelé par ce qu'il se plaisait à porter cette sorte d'habit gaulois, la *Caracalla :* Ce buste n'a plus cet air aimable, ni ces grâces de physionomie, qui rendirent ce prince si cher dans sa jeunesse au peuple, et au sénat. *(Spartien)* Il est bien difficile d'en voir un autre aussi beau: on l'appelle le dernier soupir de l'Art. Il a l'air effrayé et féroce, le visage plein de rides: on voit seulement, à la manière dont la tête est tournée sur l'épaule gauche, que l'artiste a imité l'attitude habituelle de ce prince, qui avait la fantaisie de se croire un autre Alexandre,

qui tenait la tête pànchée de cette manière. Régna
6 ans et 2 mois.

Plautilla, fille du célèbre Jurisconsulte Papinien,
que Caracalla épouse après la mort de la première.

Plautilla, fille de Fulvius Plautianus; Caracalla
loin de la traiter en épouse, il ne l'admit ni à sa
table, ni à son lit, et déclare, *(Svet.)* que lorsqu'il en
aura le pouvoir, il ordonnera la mort du père et de
la fille comme il fit, encore du vivant de Septime son
père. Plautus et Plautille ses fils furent relégués dans
l'île de Lipari, où Caracalla devenu Empereur les
fit égorger, dans son exil : Elle apporta à Caracalla
des richesses pour cinquante Impératrices.

Geta, frère de Caracalla, que Caracalla poignar-
da entre les bras de-Julie leur mère: trois bustes, dans
le premier il commence à avoir un peu de barbe; et
sans doute il fut fait peu avant qu'il fut mort : le
second est celui d'un enfant; ils sont traités habilement.

Macrin, trois bustes, avec cette diversité de barbe
qu'on remarque dans ses médailles. Il conspira contre
Caracalla, et lui succéda. Régna 1 an et 2 mois,
avec son fils Diaduménien.

Diaduménien, encore enfant; deux têtes: elles paraissent faite d'idée, et une au moins, est plus précieuse pour rareté, que pour la beauté du travail:
ce buste paraît fait peu avant qu'il fut tué.

Marc-Aurèle-Antonin Héliogabale, prince d'une
belle figure, mais de mœurs si dissolues et si cruelles,
qu'il est regardé comme le plus méchant des Souverains qui ont déshonoré le trône. *Lampridius* dit
qu'il avait renoncé à toute sorte de pudeur et de
honte, et qu'il poussa sa folie jusqu'à branler la
tête avec des *fanatiques* taillades (*V. Ulpien*). *Spartien* dit qu'il se servait de chars dorés, et qu'il y
attelait des femmes nues. Son buste est habilement
raité, et d'autant plus précieux, qu'après que son

44

corps eut été jeté dans le Tibre par ordre du Sénat,
on détruisit toutes ses statues, et très peu échap-
pèrent à la sévérité de cet ordre. Il est fort ressemblant aux médailles. Régna 3 ans et 9 mois.

Aquilia, vestale qu'Héliogabale épousa, disant
qu'il convenait que la femme d'un prêtre du Soleil
fût une vestale : on voit évidemment que l'idée de
l'artiste a été de la représenter avec l'air et les attributs de son premier état.

Alexandre Sévère; deux bustes, un qui annonce
la majesté de sa taille, la dignité de son maintien,
et l'affabilité qui lui était naturelle; couvert de
son armure, la cuirasse avec des écailles (*squamata*):
ouvrage médiocre, ne se voit que dans les temps du
bas empire : l'autre est avec le *laticlavium.* Ces
bustes sont rares; il n'y en a qu'un seul dans le
Musée de Rome, et déterrée récemment à Otricoli.
Ce Souverain a bien mérité des Beaux-Arts, ayant
fait tout pour les relever. Il fit faire des médailles
d'*electrum* en honneur d'Alexandre le grand. Il
était philosophe, poëte, peintre, grand général et
bon prince; ayant été tué, outre l'or et l'argent,
on enterra aussi beaucoup de cuivre. Règne 13 ans.

Julie Mesa, sœur de Julie, femme de Sévère et
aïeule d'Héliogabale, qui par ses artifices parvint à
porter Héliogabale sur le trône : elle a joui de la dignité d'Auguste..... L'ouvrage qui la représente en
vieille femme, est médiocre. Son nom était *Varia :*
on la nomma *Mesa*, qui en syro-phénicien indique
le Soleil, parce qu'elle fut prêtresse de cette divinité.

Julie Mammea, mère d'Alexandre Sévère, princesse belle, courageuse, galante : son buste, dont
l'ouvrage est altéré, semble être de la même main
que le précédent : on reconnaît dans ses traits cette
soif de régner, et cet orgueil qui la rendirent si
odieuse.

Maximin, barbare d'origine ainsi que de mœurs ; très-beau, la fierté de ses regards indique le courage (*Capitolin*). Il avait huit pieds et un pouce de hauteur : un bracelet de sa femme lui servait de bague. Régna 2 ans avec son fils.

Maxime, fils de Maximin : deux bustes. Bon lorsqu'il n'était que simple particulier. Régna 2 ans avec son père.

Gordien l'Africain, le vieux, ou le père ; buste unique : des qualités extérieures que lui donnent les historiens, on ne reconnaît que l'épaisseur de sa taille : on ne retrouve ni cet air triomphant, ni ce regard et ce front respectable dont il est parlé dans l'histoire, et qui n'est pas d'accord avec les médailles de son temps. Il fut élevé à l'empire contre son gré. Régna 10 mois.

Pupien, prince modéré et humain, qui fut redevable de l'empire à son mérite : il fut assassiné par les Prétoriens : deux bustes, dont l'un d'assez beau travail : il a les yeux vifs et le regard fier, indices de ce grand courage que *Capitolin* lui attribue. On doit le croire très-ressemblant, d'après ce que nous en savons. Régna 11 mois avec Balbin.

Gordien le pieux, troisième de ce nom, proclamé empereur par les Prétoriens et assassiné par les ordres de Philippe, à Zaïte, sur l'Euphrate. Régna 5 ans.

Tranquille, fille de Misithée, femme de Gordien ; d'un très-grand prix, par sa rareté. Son caractère était la douceur même.

Philippe l'ancien, ou le père, fils d'un chef de voleur ; il usurpa l'empire ; buste rare, de travail médiocre : il est estimable pour son temps où l'art commençait à dégénérer beaucoup. Régna 5 ans avec son fils Philippe.

Gallien, deux bustes, le premier assez bien traité ; on reconnaît dans ses traits un homme né pour la bonne chère, qui passait les jours à boire et les

46

nuits dans d'autres débauches (*Trebellius*); on voit
dans tout l'air du visage cet abbattement et cette
nonchalance, suite ordinaire de la débauche; les
arts déchurent beaucoup de son temps, et plus sous
Clorus et Galerius. Régna 7 ans avec son père
Valérien. Presque tout l'or, l'argent et le cuivre
fut mis en terre: 3o Tyrans occupaient les meilleures provinces, soulevés la plupart contre lui.

Volusien; le travail n'en est pas à mépriser pour
le temps; il représente ce prince sous un aspect
aimable, avec l'air de vivacité de son âge: à peine
la barbe commence-t-elle à paraître. Régna 2 ans
avec son père Gallus.

M. *Jule Philippe* était Arabe, né à *Bostra* dans
le petit pays de *Trachonite*, d'une extraction basse.
Victor dit, qu'il fut fils d'un chef de brigands. Il
usurpa l'empire.

Salonine, femme de Gallien. Elle honora le Trône
des Césars, sur lequel elle porta toutes les vertus
de son sexe.

Salonin enfant, fils aîné de Gallien; il est couronné de lierre. Nommé *Valérien* dans les médailles.

Décius, mort l'an de J. C. 249, très-rare, dans
lequel on remarque quelques traits qui annoncent
la bravoure et l'affabilité, qui le rendirent cher aux
soldats et agréable au peuple. Régna 2 ans avec
son fils Etruscus ou Herennius.

Probus, célèbre par sa droiture de penser, et
par ses victoires. Il aurait peut-être, rétabli l'empire qui menaçait de tomber en ruine. C'est un
des quatre grands hommes fait pour le soutenir;
mais il fut tué dans une sédition militaire. Les
soldats qui le massacrèrent, ne laissèrent pas d'admirer sa vertu: et toute l'armée ensemble, lui
érigea un sépulcre avec l'inscription: *Cit gît l'Empereur Probus, prince plein de probité, comme le*

*nom le porte, vainqueur de toutes les nations bar-
bares, vainqueur aussi des tyrans.* Régna 6 ans et
4 mois.

Constantin le grand : ouvrage médiocre, mais
bien dans le goût du temps et fort semblable aux
médailles : on remarque dans ses traits une sorte
de délicatesse que *Julien* lui a reprochée, comme
une marque de mollesse, et de vanité qui ne convenait point à un prince. Le *Bernin* à St. Pierre
de Rome, en a bien saisi la ressemblance. C'est une
tête très-rare qui manquait au Capitole, ainsi que
d'autres de la Galerie. Celle-ci est un trésor pour
les antiquaires et pour ceux qui aiment à suivre les
progrès et la décadence de la sculpture dans les
différens âges. Régna 30 ans.

Quintillus. Il possédait toutes les vertus aimables
d'un citoyen vertueux; mais pas assez de cette fermeté et vigueur d'ame si nécessaire pour soutenir
le poids des affaires publiques. Régna 20 jours.

Carin, fils de Carus et de Magna Urbica. Il
mérita l'exécration publique par les scélératesses
qu'il consomma dans les Gaules. Il était brave,
mais extrêmement vicieux. Un Tribun le tua. Régna
2 ans avec Carus son père.

Statues.

Dans toutes les statues qu'on voit ici, le nu est
de la chair ; cette ligne unique avec laquelle la
nature dessine le corps humain, démontre les formes
les plus agréables, les mouvemens les plus souples,
les ondulations les plus molles : les draperies sont
des étoffes, leurs vêtemens les plus épais ne semblent
que des voiles.

Deux femmes assises, dont l'une a une tête peut-
être moderne; l'autre est antique, et passe pour
être Agrippine la jeune, mère de Néron, tant elle
ressemble la statue de ce nom, qui a été dans les
jardins Farnésiens; elle a toute la dignité d'une

impératrice romaine; la draperie en est plissée du meilleur goût; peut-être elle était destinée à orner quelque tombeau. Il y a eu des écrivains qui l'ont prise pour une Déesse; pour la *Sûreté*, la *Tranquillité*, etc. Celle de ces deux statues qui est du côté de la muraille fut léguée au Grand-Duc Jean Gaston par *Andreini*; on en connaît cinq autres répétitions ou copies.

Hercule qui tue le Centaure Nessus; groupe qui n'est pas sans mérite, mais qui doit céder au beau groupe de *Jean Bologne* (au bas du vieux pont). La force du héros y est cependant heureusement exprimée par ses muscles qui sont fortement tendus. La peau du lion est jetée sur son dos. Le Centaure est représenté avec l'expression de la douleur et du désespoir; il ne peut résister à la force du héros qui le terrasse, sans employer d'autres armes que la vigueur de ses bras. Deux têtes en relief, sont enchassées dans la base.

Homme nu, qu'on croit être un athlète. Il a le bras gauche enveloppé d'une draperie, qu'on appelait *éfaptide*, petit manteau rouge porté par les guerriers et par les chasseurs.

Le *Dieu Pan* avec la jeune *Olhite*. *Aldovrandi* a soupçonné que c'était Apollon qui apprenait à jouer du sistre, ou de la flûte à plusieurs tuyaux qu'on appelait *Sirinx* et *Fistula*. Suivant *Apollodore*, ce fut le Dieu Pan qui enseigna à jouer de cet instrument à Apollon; quoiqu'il en soit, c'est un groupe admirable, et c'est peut-être un des trois beaux Satyres célébrés par *Pline*. Olynthus, fils de *Strymon*, roi des Thraces, ayant attaqué de gaieté de cœur un lion dans une chasse, fut tué. D'autres le font fils d'Hercule. Rien n'est plus incertain que l'Histoire grecque dans ces temps éloignés qui ont précédé la guerre de Troie.

Jeune *Athlete*, d'un caractère vigoureux, qui

tient un vase, signe de sa victoire : c'est un bel antique d'un grand maître, très-intelligent pour les contours, et pour l'anatomie : ses muscles sont fortement prononcés. Quelques-uns croient que c'est un Ganimède, à cause du vase qu'il porte ; le caractère des contours est trop fort pour ce sujet. Pourquoi l'a-t-on pris pour un Achille qui regarde le vase que Nestor lui a donné? On voit ce même sujet dans quelques pierres gravées, mais on voit ce héros avec son casque en tête. Le vase contiendra plutôt l'huile employée par les athlètes dans les luttes.

La *Victoire*, statue élégante ; elle tient une couronne de la main droite, et une branche de palmier de l'autre ; elle n'a point d'ailes, comme quelques autres statues du même sujet, et paraît avoir été faite dans le temps où la Victoire était attachée aux armes des Romains ; si elle est grecque, c'est un antique du beau temps d'Athènes, lorsque ses citoyens faisaient représenter la Victoire sans ailes, afin qu'elle restât chez eux, comme *Pausanias*, (l. 1.) le rapporte. Il y a une pensée heureuse dans l'Anthologie, au sujet d'une statue de la Victoire qui eut ses ailes emportées d'un coup de foudre : *Rome, reine des Nations*, y est-il dit, *ton nom sera immortel ; la Victoire ne peut plus te fuir...* (Mus. Flor. LXX.)

Dame Romaine enveloppée dans sa robe, on l'a nommée récemment *Prêtresse :* pourquoi pas Mnémosyne? La draperie en est fort remarquable ; elle a sur la tête le manteau ou *palla*, qui descend ensuite jusqu'au-dessous des genoux : la tête et les mains sont modernes.

Un *Athlète* nu, comme les précédens.

Pomone marchant légèrement ; sa tête est couronnée de corymbes et de feuilles : elle soutient de ses deux mains une partie de sa robe pleine de fruits et de raisins. Cette statue représente-t-elle l'Automne ?

50

Uranie; c'est peut-être la Géométrie, ou l'Astronomie qu'on a voulu représenter, dans la restauration. Statue pleine de beauté et de mérite.

Bacchante, qui, ainsi que la précédente, est plus grande que nature; elle est couronnée de lierre et de pampres; elle tient une grappe de raisin dans la main droite : le bras gauche est moderne. Son pied gauche pose sur un reste de trépied qui était à côté d'elle : la tête en est très-belle. On l'a décorée depuis peu du nom d'Arianne : elle ressemble à la *Cérès* du Musée de Rome (Pl. XXVII) qu'on appelle ainsi parce qu'une restauration moderne lui a mis des épis dans la main.

Vestale tenant d'une main une coupe, et étendant l'autre main vers le feu sacré, qui est placé à sa droite : sa modestie est peinte sur son visage, toute la figure est belle et noble, et dans la même attitude que la plupart des Vestales qu'on voit sur les médailles. On a cru que c'était *Plautille* Auguste ; à plus forte raison on pourrait dire qu'elle représente la Déesse *Vesta* elle-même : Le voile qui lui couvre la tête est peut-être le *suffibule* décrit par *Festus.* Elle est une des plus rares pièces par son intégrité ; très-bien drappée, ses cheveux sont rangés sous son voile, ce qui semblerait décider la dispute élevée parmi les antiquaires, pour savoir si les Vestales laissaient croître leurs cheveux après avoir reçu la tonsure : *Lanzi* croit être une *Plautine.* (Voyez *Mus. Flor.* p. 98.)

Deux *Muses,* ou devenues telles après la restauration. L'une d'elles ayant une partie du sein à découvert, comme celle du Musée de Rome, (Pl. XII). Elle fut nommée par *Puccini* Vénus victorieuse ; mais on la croit la Muse *Terpsicore.*

En 1793 il y avait la Muse *Calliope* avec deux plumes sur la tête, elle fut enlevé par *Puccini.* (Voy. M. Flor. Tab. XVI) dès a presant dans l'amphitéâtre de *Boboli.*

Hercule avec la base analogue à ses exploits ; elle est faite pour être isolée, comme elle l'a été autrefois. *Pausanias* parle d'un autre semblable, qui existait dans l'Attique. Une médaille de Maximien le représente à peu près tel qu'on le voit ici.

Dame enveloppée dans son manteau ; la draperie est fort remarquable. On la croit une Junon (*Maffei et Monf.*) ; l'arrangement des cheveux fait voir que cette statue date du temps des Flavii.

Mercure avec son caducée, et une bourse, etc.

Vénus, dite du *Belvedère*. Elle tenait autrefois une pomme dans sa main droite, comme on la voit dans la gravure du Musée Florentin. (Planche 3.) ce qui la faisait croire une *Vénus Victorieuse* : on la fit restaurer par *Hercule Ferrata* en 1667. On a récemment changé les bras, faits en stuc, en leur donnant l'attitude de la fameuse Vénus de Médicis, qui en ôte la vue de son corps, vraiment fait pour l'admiration. Elle est beaucoup plus grande que nature ; on croit que c'est la Vénus de *Phidias* que l'on conservait au *Belvedère* à Rome, et que le zèle de la religion fit jeter dans le Tibre. On lui a ajouté encore en 1794 une tête antique. (Voyez *Gori* et *Pelli* l. 11, pag. 26.)

Vénus avec un petit Amour qui a un flambeau renversé. Il y a beaucoup de restauration. Les flambeaux vont souvent avec Vénus et Cupidon, pour marquer peut-être le feu que l'une et l'autre divinité allume dans le cœur des mortels.

Apollon qui a un serpent à son côté : statue admirable dans ce qui y est antique. Ce Dieu est figuré dans la même attitude de l'*Apollon Lycien*, qui, au rapport des anciens, avait le bras droit ployé sur sa tête ; il s'appuie sur un tronc de laurier, autour duquel rampe un serpent, animal qui l'accompagne souvent, ou comme symbole de sa victoire sur Python, ou comme emblême de la Santé et de la Médecine, dont l'invention lui était attribuée, ainsi qu'à son fils Esculape, ou plutôt le symbole de la vie. On voit une statue presque semblable à celle-ci, dans le Muséum à Paris, qui était autrefois à Versailles, où on le nommait *Bacchus en repos*.

Jeune homme avec un oiseau aquatique à ses pieds : la tête, quoiqu'antique, n'est pas la sienne : et comme elle est couronnée de lauriers, on l'a cru faussement un Apollon, dit de la *Ville Médicis*. *Fabbroni* a prouvé que c'était le Génie de Rome. (Voyez sa *Diss.* avec une *Planche* en 1799.)

Dans le petit corridor au midi.

Cupidon tout-à-fait charmant; statue antique qui en une posture extraordinaire, semble menacer les Dieux : on y admire l'expression de malice que les poëtes lui donnent.

Bacchus s'appuyant sur un jeune Faune. On ne saurait rien voir de plus grâcieux. C'est un groupe du temps où les arts fleurissaient le plus en Grèce. Quelle délicatesse admirable dans ces membres et dans ces formes! Le Dieu appuie la main sur l'épaule du petit Faune, qui est à côté, comme pour l'engager à le suivre : ce Faune a l'air riant et malin; il tient à la main un vase qu'il montre à Bacchus; à côté, contre un tronc d'arbre, sont le bâton recourbé et une flûte à dix tuyaux, singularité bien remarquable, si ce n'est point une équivoque de l'artiste. Le groupe analogue du Musée de Rome, (pl. 42), diffère de celui-ci, en ce que le Bacchus y est pieds nus, et celui-ci a des cothurnes de chasse. C'est par erreur que dans le Musée ci-dessus cité, on dit que la tête de ce Bacchus ne lui appartient pas, étant du même bloc, comme on peut le voir.

Bacchante sautant : un lynx est à ses pieds. Sa draperie, agitée par le vent, augmemte beaucoup le mérite de cette belle statue, qui est gravée dans le *Mus. Flor.* pl. 56 et 57.

Mercure, dont on a fait une copie en bronze pour le cabinet Farnèse : ce corps est vraiment divin : comment donc était fait l'amour ? Je soupçonne que dans l'origine c'était un Bacchus : car entre-autres observations qu'on pourrait faire, on remarque qu'il y a une peau de chèvre jetée sur le tronc, sur lequel il s'appuie du bras droit. (Le chapeau ailé est moderne.) Il paraît être le Mercure pacifique qui a été représenté sur quelques médailles : on doit remarquer sa physionomie : car *Clément d'Alexandrie* dit que tous les simulacres de Mercure se faisaient ressemblans à Alcibiade.

Femme qui tient une oie dans son giron : sa poitrine, la main qui se perd dans la plume, et la draperie, sont d'une grande beauté. La gorge semble gonflée par le souffle de la volupté : son visage respire le plaisir, et cet anéantissement inconcevable, et délicieux qui le suit. On a pris communément l'oie pour un cygne, et on en a fait une Léda ; mais *Fabbroni*, dans une brochure publiée par *Cambiagi*, en 1796, a prouvé que cette statue représente une *Vénus Lamie ;* sujet très-rare. Le Président *Fea*, (en 1802, Rome) rapporte dans ses *Osservazioni su i monumenti rappresentati Leda* , le dessin de six différentes statues avec l'oie. La multiplicité de ces simulacres , est une preuve qu'ils appartenaient à une femme qu'on voulait flatter. La taille de l'oiseau, et la manière dont il est groupé, si différente de celle du cygne qu'on voit avec la véritable Léda de Venise, sont de fortes présomptions pour reconnaître *Lamie* dans la statue dont il s'agit. Le célèbre *Kotzebue* a reconnu cette vérité dans son voyage depuis *Liefland* jusqu'à *Naples*, où il dit T. p. 160. *Einer hübschen, Weiblichen, figur mit einer Gans erwöhne ich blos deshalb, weil*

54

*man diese darstellung auch noch öfters in dieser und
andern Gallerien autrifft, und sie bis jetzt für eine
Leda mit dem Schwane ausgeben hat. Eine Gans
ist aber kein Schwan, und ein Gelehrter hat bewiesen
dass, Vénus Lamia auf diese Weise abge bildet, wur-
de.* Il n'était point connu par les antiquaires avant
Fabbroni.

Jeune homme avec un oiseau aquatique, semblable
par son attitude à celui qu'on a décrit à la page 52 ;
la tête en est antique. *Fabbroni* donne la gravure
de quatre de ces statues qui représentent le même
sujet, mais qui ne sont pas plus copie l'une de
l'autre, que ne le sont les figures du Père Eternel
faites par Albert Dur, et celles faites par Raphaël
Il y a une cinquième répétition de cette statue à
Florence, dans la grande salle du Palais-Vieux ;
même attitude, même attribut : il ressemble un peu
à la figure n.° II de *Fabbroni*, et en diffère par le
mouvement et par la position de la tête. Pourquoi
a-t-on tant répété un sujet inconnu jusqu'à présent ?
Cette multiplication même, atteste l'intérêt de cette
représentation symbolique, et donne un fort appui
à la conjecture de *Fabbroni*, qui veut que ce soit
le simulacre du Génie du Capitole. Le célèbre et
savant *Addisson* rendait raison de cette multiplication par une voie tout-à-fait différente : « D'où vient,
» disait-il, que non-seulement tant de ces statues,
» mais aussi tant de celles qui n'avaient aucun rap-
» port ni à l'intérêt, ni à la dévotion du proprié-
» taire, sont taillées sur le même modèle ? Par
» exemple : Cléopâtre mourante, Narcisse, le Faune
» s'appuyant contre le tronc d'un arbre, un Enfant
» avec un oiseau à la main ; Léda et son cygne,
» et plusieurs autres de cette nature. J'avoue que
» j'ai toujours regardé les figures de cette sorte,
» comme des copies de quelque chef-d'œuvre fort
» renommé, et je ne doute point que ces copies

» n'aient été autant d'originaux de plusieurs statues
» que nous voyons avec le même air, la même pos-
» ture, et la même attitude. Ce qui me confirme
» dans cette conjecture, c'est qu'il y a quantité
» d'anciennes statues de la Vénus de Médicis, du
» Silène avec le jeune Bacchus entre ses bras, de
» l'Hercule Farnèse, d'Antinoüs, et des autres beaux
» originaux des anciens artistes, qu'on a tirés des
» décombres qui les cachaient. J'en ai remarqué un
» plus grand nombre qui sont du dessin de la Vé-
» nus de Médicis, que d'autres; ce qui me fait con-
» clure que c'était la statue la plus célèbre, tant
» parmi les anciens que parmi les modernes.
« *(l'attitude est le* nec plus ultra *pour la grâce.*) Les
» sculpteurs avaient coutume de travailler sur les
» meilleurs modeles, et les curieux d'en avoir des
» copies. » Quoique nous trouvons très-raisonnable
le système d'*Addisson*, nous ne pouvons pas être
entièrement de son avis, parce que s'il ne s'agissait
que de copies, elles seraient toutes semblables à
leur type, au lieu que celles que nous avons, sont
des répétitions du même sujet, qui porte le caractère de l'originalité dans les différences qu'on y remarque.

Autel en forme ronde; le sommet creusé, les bords
pecés: l'on voit Alceste qui préserve de la mort
son mari Admète, en se sacrifiant pour lui, c'est
l'ouvrage de *Cléomène*, comme on voit par l'inscription Grecque; on sait qu'Apollon obtint des
Parques de prolonger le terme fatal de la vie d'Admète, s'il y avait une victime spontanée à sa place.
Alceste sa femme se sacrifia pour lui : Mais Hercule la retira des Enfers et la rendit à son époux;
on voit Alceste couverte d'un voile pressant les yeux,
ainsi qu'il arrive à ceux qui passent subitement
des ténèbres les plus épaisses au grand jour.

Vénus Anadiomène, ou sortant de l'eau, comme

dans le tableau d'Apelle, dont il est parlé dans *Pline*; cette statue vient d'une excellente main; la coquille est la marque de Vénus Aphrodite. *Maffei* la fit graver, comme une des meilleures statues que l'on connût. Côme III la fit venir de Rome; (*Mus. Fl. Pl.* 33).

Minerve ou *Pallas Athenas*; la tête qu'on a mis récemment, ne lui appartient pas. Elle a une expression vraiment divine et d'un travail admirable, mais elle porte l'empreinte de la douleur, tournant un regard passionné vers le Ciel : le casque à deux trous en forme d'œil, tout simple et sans décoration. La corneille était l'oiseau qui en accompagnait le simulacre; mais après l'accusation des filles de Cécrops, Minerve prit à sa place la chouette qu'elle a à ses pieds. Elle est posée sur une petite urne quadrangulaire, très-élégante qui porte une inscription à *Marc Ulpio Terpno*. Il y a en reliefs des Bacchantes ou Ménades, dont la fureur passe tout ce que nous pouvons imaginer en ce genre. La plus furieuse, les cheveux épars et flottans, tient une épée et une tête humaine qu'elle vient de couper (serait-ce Penthée fils d'Echion?). L'autre porte sur l'épaule un thyrse et une *patère*; la troisième danse, et la quatrième joue de la cimbale. *Tite-Live* rapporte que dans ces bacchanales se passaient des choses infames, et où ces furieux de l'un et l'autre sexe, s'abandonnaient aux crimes les plus horribles; on immolait ceux que des sentimens d'honneur et de pudeur rendaient plus retenus que les autres. Mais pourquoi, ceux qui avaient des sentimens si beaux, se rendaient-ils à ce genre de fêtes?

Trepied dédié à Mars, et sur lequel il y a trois génies : l'un d'entr'eux tient un bouclier, l'autre un casque, le troisième une épée, (décrit par *Montfaucon* dans ses Antiq. expl. T. 3. pl. L.). L'erreur

de quelques antiquaires qui ont pris cette épée
pour une rame, afin de faire de ce trepied un autel
à Neptune, est une preuve du peu d'attention qu'on
porte aux accessoires, d'où dépend souvent l'explication du sujet. C'est le pied d'un chandelier. Autre
petit dessus.

Bacchus, dit de la *Villa Médicis : Winkelman*
en fait éloge (v. *Gori*). Il est couronné de pampres
et de corymbes, ou grains de lierre; tient de la main
droite une grappe qu'il élève en la regardant. Il
porte attaché à son col un havresac, fait peut-être
de la peau d'une chèvre, dont les pieds paraissent
sur son épaule. Ce havresac repose sur un tronc
d'arbre, entortillé par un cep de vigne, d'où pendent
des grappes : un tigre qui est au pied de l'arbre,
en mange. Deux cornes naissent sur le front de ce
Bacchus, elles pourraient indiquer que c'est un Satyre, ou un Faune, à moins qu'on ne veuille dire,
que c'est un Bacchus cornu, représenté dans la vigueur de la jeunesse.

Ganimède avec l'aigle, statue d'une grande beauté;
mais le Marbre n'est pas statuaire.

Vénus céleste à demi-nue, dont on fait beaucoup
de cas. On l'appelle aussi Vénus pudique : elle soutient de la main gauche une belle draperie qui la
couvre plus haut que la ceinture, le reste est nu:
sa main droite est élevée au-dessus du front et paraît toucher une touffe de cheveux bouclés, et rangés
d'un goût différent du reste de la coiffure, elle a
la tête ceinte d'un réseau ou diadème qui a été
colorié en rouge et or, et dans lequel il reste
quelque cavités, qui prouvent qu'il a été enrichi
de pierreries. Elle porte au bras droit le bracelet
ou ceste. Tous les antiquaires s'accordent à dire
que c'est une Vénus : cependant l'air de modestie
répandu sur toute la figure, le diadème qu'elle a
sur la tête, le ceste au bras, ce toupet qui pour-

58

rait bien être une flamme, symbole de l'air, per-
mettraient de conjecturer, que ce peut être une Junon déesse de l'air. (v. *Gori*).

Un beau torse de Faune antique, dit de Michel-
Ange; il faisait l'ornement de la Galerie *Gaddi.*

Dans le corridor du côté du couchant.

Deux Marsias, dont l'un exprime dans les traits
de son visage un trop grand calme pour sa situation : (v. *Maffei*) restauré par *Donatello ;* l'autre
est singulier pour la couleur du marbre qui imite
un peu la chair ; (restauré par *Verrocchio*). Cette
dernière statue mérite d'être remarqué par les
muscles et les veines qui sont à découverts : il semble
qu'*Ovide* l'eut sous les yeux, lorsqu'il parla de la
défaite de Marsias, de son supplice et de ses plaintes.
Il était habile à jouer de la flûte, et osa disputer
la palme à Apollon même. Ils entrèrent en lice, à
condition (dit *Pausanias*) que celui qui l'emporte-
rait, ferait à son concurrent le traitement qu'il
voudrait. Apollon vainqueur attache son rival à un
arbre et l'écorcha : barbarie dont il se repentit depuis. On croyait que le fleuve Marsians, dont les
eaux paraissent rouges, était teint de son sang. Apollon pendit sa peau dans une caverne (*Xenophon*).

Nimphe assise sur un cheval marin, morceau
extrêmement rare. C'est peut-être Thétis ou Doris
que *Properce, Catulle* et *Ovide* ont décrit dans
cette attitude.

Higie, la compagne d'Esculape : elle donne à
manger au Serpent. L'ajustement de ses cheveux est
très-remarquable. (Mus. Flor. Pl. 24) et la draperie en est fort belle.

Narcisse à genoux : la tête d'un travail moderne
est d'une expression tout-à-fait passionnée, le bras
droit est aussi moderne. Le corps de cette statue
est dans une attitude gênée, mais très-beau, on y
retrouve toutes les perfections qu'*Ovide* a données

à Narcisse dans les Méthamorphoses : des doigts dignes de Bacchus ; des cheveux aussi beaux que ceux d'Apollon : le visage le plus charmant ; un col d'ivoire. Mais ce qui est bien exprimé, c'est l'espèce d'étonnement et les désirs insensés que semble lui inspirer sa propre beauté, en se mirant dans l'eau.

Jupiter: la foudre qu'il tient de la droite, marque la puissance et l'autorité qu'il a sur les hommes, et sur les dieux, il faut sur-tout remarquer la majesté de son visage. Il a la poitrine et le bras droit découvert et un manteau jeté sur l'épaule, et sur le bras gauche.

Minerve, On doute beaucoup, si c'est une statue étrusque ou grecque antique. La tête surpasse infiniment le stile du reste.

Junon, très-restaurée.

Soldat pliant un genou à terre, la cuisse gauche percée d'une flèche, dont il reste encore un morceau. Il lève le bras droit et tient du gauche un bouclier ; cette figure représente un soldat étranger ou un Gladiateur, n'ayant rien de l'habillement romain. La chaussure est dans le goût grec. On sait que les Romains faisaient combattre comme gladiateurs les prisonniers de guerre, et une statue de ce genre, paraît avoir été employée à la décoration d'un théâtre, ou d'un cirque. (Mus. Flor. P. LXXII).

Jeune homme qui est habillé dans le goût de Mercure, et qui en a la tête : il a été pris pour un Camille, ou pour un prêtre, ou un jeune homme destiné à servir dans les sacrifices : statue bien rare ; l'habit particulier à cet état, lui couvre tout le corps ; même les bras et les mains ; il a l'air de l'attention et du respect. Les cheveux courts et lisses, la simplicité de la draperie est dans le goût étrusque. Si les pieds n'étaient pas modernes, les *talares* qui y seraient attachés, dissiperaient toute espèce de doute.

Apollon nu , assis, prêt à jouer de la lyre ; son corps est de la plus belle forme, (Mus. Flor. P. XII). On remarque l'indication de cinq cordes sur sa lyre. Si la tête qu'on a mis à cette statue lui appartient , je le crois plutôt Orphée qu'Apollon: Le serpent qui est à ses pieds est moderne. On ne voit jamais les jambes croisées à Apollon ; et on peut observer qu'il n'a pas la couronne de laurier.

Apollon debout ; morceau charmant, la lyre moderne sur laquelle il appuie la main gauche, n'est pas digne de lui.

Deux statues d'*Esculape*, la tête en est majestueuse : la draperie noble et simple, la chaussure de la première, mérite une attention particulière. La forme de ce Dieu de la médecine, ressemble à celle qu'on voit sur les médailles grecques et romaines, la barbe en est longue et épaisse; le bras gauche appuyé sur un gros bâton noueux, autour duquel un serpent se tortille. En Arcadie, près du fleuve Ilissus, on montre son temple et son bois sacré. L'un d'eux était peut-être autrefois groupé avec sa compagne Hygie , du moins voit-on sur l'épaule gauche la marque de la main d'une autre figure.

Olinthe assis; remarquez que la fistule est à seize tuyaux.

Apollon ; le manteau jeté sur le bras gauche ; ou , peut-être , un Marc-Aurèle dans l'adolescence. Il est nu, et tient un globe en main ; il paraît avoir été destiné pour quelque temple. Il est dans le goût romain du meilleur temps. (Mus. Flor. Pl. VIC).

Bacchus groupé, peut-être avec Ampelus, ou Acratus. Il tient de la main gauche une coupe ; et une peau de chèvre est jetée avec grâce sur son épaule, du même côté. Il appuie la main droite sur la tête de l'enfant, avec un masque ; l'enfant est assis sur une urne , il embrasse la jambe droite du Dieu, et a ses deux mains sur des raisins, une tête de sanglier, et de deux masques de Satyre et de Faune. Il regarde Bacchus d'une air gai et malin. Ce morceau antique a été restauré habillement. On croit que ce Bacchus tenait une flûte dans sa main gauche, au lieu de la tasse qu'il porte actuellement.

Autre Femme avec un oie dans la main, prise par erreur pour une *Léda*, comme celle dont on a déjà parlé. *Fabbroni*, qui en a donné la gravure déjà cité, dit que ce n'est qu'une répétition de *Lamie*, à laquelle l'artiste grec ajouta le Dauphin caractéristique de Vénus. Veneris Simulacrum in villa Julii Papæ III, ainsi décrit dans les curiosités de Rome en 1700. (On voit dans le Musée de Rome Pl. LI, la statue de Julie Sœmie représentée comme une Vénus, et conséquemment on y ajouta le Dauphin et un petit amour.) Elle est plus petite que celle à la p. 38; la draperie qui lui pend de l'épaule gauche jusqu'aux talons, est heureusement plissée. L'oiseau qu'elle tient est décidemment une oie, *Montfaucon* dit des érudits de son temps, qu'il y en avait qui le prenait pour un pigeon et pour un cygne : « la vérité est, *dit-il*, que cet oiseau « n'a l'air, ni de l'un ni de l'autre ». *Voyez Simulacro di nuova Venere* par *Cambiagi* 1796, avec une planche.

Apollon en repos, le pied droit sur une tortue qui semble moderne. (M. Fl. Pl. XI).

Melpomène, ou plutôt *Clio*, faite par *Atticianus*, médiocre sculpteur grec du 3.ᵉ ou 4.ᵉ siècle, suivant *Buonarroti*. Il est à remarquer que l'habillement de cette figure, n'est ni une *stole*, ni une *tunique*.

Cuirasse, ou un Trophée militaire. Les Grecs, pour ne pas perpétuer l'idée des dissentions qui ont lieu parmi les peuples, ne permettaient pas de représenter des pareils trophées, ni en pierre, ni en marbre, mais de matières fragiles.

62

Bacchus de *Michelange*, c'est le dieu de la joie, le ciseau sublime de cet auteur, ne sut jamais se plier au style doux et délicat, aussi ce Bacchus a-t-il quelque chose, qui se ressent de la fierté de son auteur et c'est par-là même qu'il n'est pas déplacé au milieu de tant de beaux antiques. Il est couronné de lierre et de Pampres, tenant de la main droite une coupe; et de la gauche des grappes de raisin, qu'un petit Satyre, qui s'enveloppe dans une peau de chèvre, tâche de goûter. Dans le Mus. Capitol. Tom. II, pag. 70, on lit, que cette statue du temps de l'*Aldrovandi*, en la croyant antique, fut achetée à grand prix. (Mus. Flor. Pl. 51, 52 et 53).

St. Jean-Baptiste, très-jeune; on a des fortes raisons pour le croire de *Mino* de Fiesole.

Bacchus du *Sansovino*; les formes et l'action sur-tout, en sont très-élégantes : *Vasari* a beaucoup célébré cette statue; elle mérite assurément l'attention la plus réfléchie, de la part de ceux qui veulent se former d'après les grands artistes. *Bartolini Salimbeni* la donna à Côme I. L'incendie du 1762 l'endommagea beaucoup; elle a été parfaitement bien restaurée. (Mus. Flor. Pl. 54).

Laocoon que *Baccio Bandinelli* copia en 1550, de l'original à Rome : en étudiant avec soin ce beau travail, on doit dire que jamais on n'a fait une plus belle copie, d'un des plus admirables chefs d'œuvres de l'antiquité. Le groupe, original, passe pour avoir été fait par *Polidore*, *Athenodore*, et *Agesander*, qui semblent avoir travaillés, comme à l'envi, pour laisser un monument qui répondit à l'admirable description qu'en fait *Virgile* et du coup qu'il porta contre le cheval de bois et de sa mort tragique etc. Laocoon était prêtre de Neptune il allait lui sacrifier un taureau, lorsque deux serpens, qui avaient traversé à la nage le bras de mer qui est entre l'Ile de Tenedos et le continent, se saisissant de ses deux fils, jeunes garçons présens au sacrifice, ainsi que de Laocoon lui-même, qu'ils déchirèrent cruellement. Si ce que Pline dit de ce groupe, est vrai, celui même qu'on voit à Paris, n'est qu'une copie aussi soigneusement faite, que celle de *Bandinelli* ou une répétition ; car on dit que l'original était tiré d'un seul bloc.

David, vainqueur de Goliath; par *Donatello* Florentin.

St. Jean Baptiste exténué par le jeûn : une des meilleurs pièce que *Donatello* ait faite; à l'exception de celle en terre cuite, qui est à la maison *Martelli*.

Enfant qui dort, il a deux grandes ailes, il tient deux pavots et la corne des songes, c'est pourquoi il a été pris pour Morphée : la couleur noire du marbre dont il est fait, a contribué à faire imaginer que c'est le dieu du sommeil : on l'a cru fait en pierre de touche, ou en marbre tenarien ; mais *Fabbroni*, dans une note à la traduction des ouvrages de *Bergman*, assure qu'il est de marbre Obsidien, il est placé sur l'inscription mortuaire a *C. Telegenni*; il y a derrière la porte de l'Enfer, en haut on voit un bâton augural ou *Lituus* et un *préfericule*, espèce d'anguière qui servait à verser les libations dans la patère, qui est sculptée au milieu.

Des bas reliefs, fait par *Benoit da Rovezzano*, de S. Jean Gaulbert, et de S. Pierre Ignée, qu'en 1530. au siège de Florence, les soldats ont mutilé.

Autel dédié aux Lares d'Auguste, au côté sont deux figures couronnées sous l'inscription, avec la corne *potorio* et une *patère*, l'autre à un seau : En face sont trois figures, et entre les deux, une Poule qui becquette. Tous ont un grand voile sur la tête, celui du milieu tient de la droite un *Lituus* (bâton augural), à sa gauche une femme tient une *patère*,

64

et de la main gauche des fruits dans un vase. L'inscription marque, que ce marbre fut posé l'an 13 d'Auguste, c'était Antonin le pieux, sous le consulat de Plautien Silvanus, l'an 156 de J. C. Cette chronologie éprouve des difficultés considérables. L'autre côté de l'autel, présente une victoire ailée, auprès d'un trophée. On voit derrière une belle couronne de chêne, entre deux oliviers un *préféricule* et une *patère*. Gravé par Boissart.

Il y a une vingtaine d'inscriptions en marbre, dont quelque-unes servent de piedestal à des bustes. Remarquez celle de *Junia Procula*, très-ornée de festons, et qu'on appelle pour cela des autels couronnés : *arœ coronatœ*. Une autre : *Ti : Claudio Fortunato* est aussi couronnée, (comme celle placée dans la salle des *inscriptions*, faites par *Doinise*, qui supporte le buste de Brutus). Voyez derrière une inscription d'une scélérate qui composait des poisons, (ou nous avons supplée LIGET.)

Hic. stigmata. œterna. acte
Libertœ. scripta. sunt. venenariae
et. perfidae, dolosae. duri
Pectoris. clavom. et. restem
Sparteam. ut. sibi. collum. ALLIGET. *et*
picem. candentem
Pectus. malum. commurat suum. manumis. sacratis
Secuta. adulterum. patronum circum. scripsit. et
ministros. ancillam. et. puerum. lecto. iacenti
Patrono. abduxit. ut. animo. desponderet. solus
Relictus. spoliatus. senexehymno. feades. timta
Secutis
Zosimum

Tableaux Historiques.

Près la porte d'entrée, on commence par les tableaux anciens. Ce sont, pour ainsi dire, les pièces justificatives de l'histoire de *Vasari*, et c'est pourquoi ce Peintre Historien avait recommandé à *Côme I* de ne pas les disperser. *Lastri* a donné une histoire des tableaux anciens de l'école Toscane, dans son *Etruria Pittrice ;* mais il n'a pour but que les progrès de l'art depuis les Grecs réfugiés en Toscane, après les invasions des Turcs.

Tableau d'*André Rico* de Candie, peint dans l'onzième siècle. La Vierge et l'Enfant Jésus y sont représentés sur un fond doré.

Tableau oblong, en petites figures : J.-C. recevant un apôtre dans le ciel, avec beaucoup de monde; et sous un portique d'une église, quatre clercs et un diacre. On le croit de *Cimabue.*

Autre tableau ; c'est un travail à l'imitation des Grecs, fait par *André Tafi*, Florentin, mort en 1294, ou par quelqu'autre Peintre de même école et contemporain.

La Sainte-Vierge assise, avec l'enfant Jésus dans ses bras, et quatre Anges de chaque côté, par *Laureati*, en détrempe; ce tableau date de l'an 1312.

L'Annonciation de la Vierge, peinte sur un fond doré, par *Simon Martini* et *Philippe Memmi*, de Sienne, en 1333; il était élève de *Giotto.* — Deux autres tableaux aux deux autres côtés, qui sur fond doré représentent une Sainte et un Saint martyrs. Ce peintre a surpassé les autres dans le coloris, mais fut inférieur à son maître.

La Thébaïde d'Égypte, tableau riche en figures. On le croit de *Laureati*, Siennois : cependant *Ignace Hugsford*, Florentin, en fait auteur *Gherard Starnina*, né à Florence l'an 1354, disciple d'Antoine Vénitien.

La Vierge, qui tient son Enfant assis sur ses genoux, et plusieurs Saints; quatre autres Saints en petit sont aux deux côtés. Une inscription porte : *Laurenti Petri* de Sienne, fait en 1457, né en 1424, mort en 1482.

56

L'Adoration des Rois, avec beaucoup de figures ;
on l'attribue à *Starnina*, né en 1354, mort en
1403, ou à *Giottino*, ou à quelqu'autre peintre du
13.e siècle.

Alexis Baldovinetti, né en 1452, mort en 1528.
La Vierge, adorant son fils, qu'elle tient sur ses
genoux. Trois Saints sont de chaque côté, et Saint
François et Saint Dominique à genoux.

Andromède délivrée du monstre : *Persée* marquant
sa satisfaction : *Céphée* recevant sa fille avec grande
joie ; ce tableau est dans le goût de *Pierre de Cosimo.*

S.t Eustache, S.t Jacques et S.t Vincent, sur bois
en détrempe, fait en 1470 ou environ (Voyez *Vasari*) par *Polaiolo*, né en 1426, mort en 1498. Ce
tableau paraît avoir beaucoup souffert lorsqu'il a
été verni, puisque les corps ne jettent plus d'ombre.

Les noces de Persée, qui en présentant la tête
de Méduse, changea en marbre Phinée et ses compagnons. Ce tableau est dans le goût de *Pontorme.*

Jean Angelico, religieux de l'Ordre de S.t Dominique, peintre Florentin, né à Fiesole en 1387,
mort en 1455 : un tabernacle à fond doré ; ce tableau fut peint en 1433.

Laurent di Credi, né à Florence en 1454, mort
en 1528 ou 1530. Deux tableaux ronds, dans lesquels
est peint la Vierge adorant son fils.

Botticelli, qui a imité le vieux *Lippi*, né à Florence en 1437, mort en 1515. La S.te Vierge assise ; l'enfant a une grenade dans la main, et il a
à ses côtés huit Anges.

Dominique Grillandaio, Florentin, né en 1449,
mort en 1493. L'Adoration des Rois ; vue de la
ville de Bethléem ; rond en bois, fait en 1487.

Deux portaits, qu'on dit être Malatesta de Ri-
mini, et Isotta sa femme.

Luc Signorelli, de Cortona, élève de *Pierre* della

Francesca, Florentin, né en 1439, mort en 1521, L'Enfant Jésus debout; St. Joseph, et la Vierge; elle a un livre ouvert dans la main droite, et un autre à ses pieds : tableau rond. — La S.te Vierge, l'Enfant Jésus entre les bras : quatre bergers nus, du même *Signorelli*, en sa jeunesse. Il passe une grande diversité entre ces deux tableaux. Celui-ci est d'une manière sèche comme ceux qu'il a peints dans sa patrie. Dans le premier, le style des draperies fait voir les progrès que fit l'auteur, en voyant la manière du frère Barthelemi, de Raphaël, et d'André.

La Vierge avec deux Anges qui soutiennent l'Enfant Jésus. Les connaisseurs le croient de l'école Allemande, et nos Artistes l'attribuent à frère *Philippe Lippi*, mort en 1438; mais, comme dit l'abbé *Dubois* : « L'art de deviner l'auteur d'un tableau » en reconnaissant la main du maître, est le plus » fautif de tous les arts. »

Un Tableau rond : La Vierge est couronnée par deux Anges; l'Enfant Jésus sur ses genoux ; plusieurs Anges à ses côtés, éclairée par de l'or : on le croit de l'école Allemande.

Gerino, de Pistoie , peint en 1520. La Vierge assise avec l'Enfant Jésus; trois Saints d'un côté, trois Saintes de l'autre, et deux Anges en haut avec une couronne. Sur bois.

Georges Vasari, Alexandre de Médicis, armé, figure entière; on voit la ville de Florence derrière lui.

André de Sarto, ou de son école; la Sainte Vierge en habit rouge et en manteau bleu, assise dans un paysage, et tenant l'Enfant Jésus : tableau moyen, en figures entières.

Ange Allori, dit le *Bronzino*, la déposition de Jésus-Christ de la croix dans les bras de sa mère éplorée : en haut, des Anges s'envolent avec les instrumens de la passion. Grand tableau peint s ❖ r bo

— Et l'Annonciation en deux tableaux : par le même, né en 1502, mort en 1571. On appelait *Bronzins* les *Allori* par sobriquet.

De *Jacques Carrucci*, dit le *Pontormo*, né en 1493, mort en 1558 : Portrait de Côme de Médicis, surnommé le Père de la Patrie, contemplant un laurier. Demi-figure.

De *Vasari*, Laurent de Médicis, surnommé le Magnifique, en habit bleu : demi-figure.

François Rossi, connu sous le nom de *Cechino* del *Salviati*, écolier d'André del Sarto, mort en 1563. Une Charité assise, caressée par trois enfans.

Christophe Allori. Portrait d'une jeune femme, le col orné d'un collier, tenant un livre à demi-ouvert dans la main droite. Demi-figure.

Une suite de tableaux représentans différens sujets historiques, mythologiques et d'arts. Ces tableaux furent peints du temps de *François I*, qui en avait fait autant de petits volets pour son bureau : on peut les regarder comme une histoire animée de ce qu'était la peinture à Florence, après l'époque heureuse et brillante de Fra Bartoloméo, d'André del Sarto, et de Buonarroti.

Bronzino. La Pêche des perles : sujet représenté avec plusieurs barques, et des Divinités marines, très-bien groupées ; sur ardoise.

Alexandre Allori. Le Souper de Cléopâtre. Marc-Antoine empêche la Reine de détacher la seconde perle de ses oreilles : plusieurs personnes à la table qui est éclairée avec beaucoup de bougies ; il était neveu du Bronzin et son élève, il en a entièrement la manière. Son dessin est de la pureté de l'antique, son pinceau moëlleux, et ses idées très-ingénieuses. Il a été très-savant en Anatomie. Né en 1535, il mourut en 1607.

François Coscia ; Vénus recevant la ceinture des mains de Junon, environnée de quelques petits amours et de plusieurs femmes.

François Morandini, surnommé *le Poppi*, né en 1544, mort en 1581. Fonderie de canons : on voit au fond Côme I assis. En ardoise. — Alexandre le Grand, donnant Campaspe à Apelles, qui présente au Héros le portrait de cette femme.

Jacques Coppi, qui vivait en 1481. Le moine Schwartz, etc., assis dans un laboratoire, au milieu de plusieurs ouvriers occupés à la composition de la poudre à canon : dans l'enfoncement est un édifice consumé par les flammes ; c'est un tableau précieux par son ancienneté, et dont les détails sont rendus avec exactitude. Dans le mortier on lit: *Pulvis excogitatus* 1354. *Dania Bertoldo Schwartz.* — Alexandre le Grand, à cheval : devant lui la femme de Darius rendant hommage à Roxane.

Jérôme Macchietti. Vue d'un bain, avec plusieurs figures nues. D'un côté la statue d'Esculape : dans l'enfoncement une montagne jetant des flammes. — Médée nue, jetant des herbes dans la chaudière, pour rendre la jeunesse à Eson, qu'on voit à côté.

Jean Stradano. Le laboratoire d'un alchimiste avec plusieurs personnes occupées à travailler. — Mercure accompagnant Ulysse chez Circé, pendant qu'elle transforme en animaux les compagnons du voyageur. Sur ardoise.

Par le *Minga* : Deucalion et Pyrrha au pied d'une montagne, les yeux voilés, jetant des pierres, lesquelles se transforment en hommes ; en haut on voit un temple. Sur bois.

Thomas de Saint Friano. Plusieurs esclaves nus, ramassant des diamans près des rochers : sur le devant, un groupe de marchands qui viennent faire leur commerce. Sur ardoise. — Dédale et Icare dans l'attitude de voler. En bas, plusieurs personnes, parmi lesquelles un agriculteur saisi de frayeur, par la chûte du jeune audacieux, dont les ailes viennent de se fondre au soleil. Ce tableau rappelle la chûte du malheureux *Pilatre de Rozier*, par l'incendie de son aerostat.

Mirabello Cavalori. Une chambre où l'on nétoie des laines, avec plusieurs figures qui travaillent; sur bois. — Lavinie, la tête entourée de la flamme pendant qu'elle se présente à l'autel. (Voyez le 7.e livre de l'Énéïde.)

Nicolas Betti. Les troupes Romaines mettant aux pieds de César les dépouilles des peuples subjugués.

Jean-Marie Butteri. Une fournaise, avec plusieurs personnes qui travaillent à des ouvrages en verre. Sur ardoise. — Énée abordant en Italie.

Baptiste Naldini. Les deux Portes des Songes, avec plusieurs figures symboliques sur le devant. Dans le lointain, une personne endormie sur un lit magnifique. Sur bois.

Laurent Sciorini. Hercule tuant le dragon qu garde le jardin des Hespérides; on y voit les trois sœurs, Égle, Érétuse et Espertuse, et quelques autres nymphes qui folâtrent.

Barthelemi Traballesi. La Tour de Danaé: Acrisius assis d'un côté, regardant les ouvriers occupés à fermer la tour par une enceinte de murailles: l'or tombe en pluie d'en haut sur le sein de Danaé. Il est peu d'histoires anciennes plus obscures. Il vivait environ 120 ans avant la guerre de Troie; la tour ou chambre d'airain, dans laquelle Danaé avait été enfermée, subsista dans la ville d'Argos jusqu'au temps de Périlaus, tyran de ce pays, qui la fit détruire.

Victor Casini. La Forge de Vulcain. Les Cyclopes occupés à travailler; plusieurs petits Amours sur le devant.

Jean Fei. Daniel se présentant au souper de Balthazar pour interpréter les mots terribles qui ont parus sur la muraille.

Dominique Buti. Vue d'un laboratoire où l'on

distille des herbes. Sur le devant le Centaure Chirou causant avec Apollon ; on voit aussi le petit Achille, etc.

Moyse et son peuple, regardant les troupes de Pharaon qui vont être submergées dans la mer. On ignore le peintre.

George Vasari. Persée qui délivre Andromède du rocher où elle était attachée ; il porte aux talons les ailes de Mercure : on voit à ses pieds le monstre marin duquel elle devait être dévorée, si ce héros n'était venu à son secours. Sur ardoise. Ce Prince devenu grand, se rendit fameux : Il tua Méduse, et *Ovide* expose de quelle manière il marcha contre ce monstre, fille de Phorcus. De cette tête sortit le corail, qui dans la couleur rouge, et dans quelques-unes de ses propriétés, porte encore aujourd'hui des marques de sa première origine.

Sébastien Marsili. Athalante, fille de Céfée, roi de Scire, ramassant les pommes d'or jetées par Hypomène qui la poursuit à la course. Plusieurs spectateurs, parmi lesquels le Grand-Duc Côme I, à cheval. Vue d'un temple dans l'enfoncement : fait en 1571.

Plusieurs personnes qui travaillent dans une mine d'or; une Princesse environnée de plusieurs gardes espagnoles. Sur ardoise. On ne sait de quel peintre.

Neptune et Téthis sur un char, avec plusieurs tritons, etc., dans une baie de la mer, près d'une montagne, sur laquelle on voit une ville.

Une boutique d'orfévrerie, avec plusieurs personnes qui travaillent. Sur ardoise.

Santi di Tito. La transformation des sœurs de Phaëton. Sur ardoise.

La pêche de la baleine, plusieurs figures occupées à la mener à terre, une de ces figures offre à genoux quelques morceaux de la baleine dans un bassin à un homme qu'on voit assis d'un côté. Peint sur ardoise.

Santi di Tito. Hercule tenant un petit chien sur les bras : Iole à sa gauche ayant à sa suite plusieurs figures. — Christ en croix : St.-Jean et la Vierge à côté, petit tableau. — La nativité de Jésus-Christ et l'adoration des Pâtres : grand tableau.

Cristophe Allori. La Madelaine pénitente fixant le ciel ; elle l'emporte sur toutes les autres Madelaines : que de componction sur ce doux visage ! que ces belles larmes sont pénitentes ! elle est à moitié assise dans l'ombre contre un rocher, toute nue, voilée uniquement de ses cheveux, et de sa douleur, cette chevelure est divine ; elle coule sur tout son corps.

Lodovico Cardi dit le *Cigoli*, St. Laurent sur son gril. — St. François en prière.

Étienne Pieri. Jésus-Christ mort entre les bras des Maries et des disciples, au milieu d'eux la mère évanouie.

Thomas de Saint Frédien. La Trinité : au bas S.t Jacques et S.t Philippe apôtres, St. Augustin et St. Crispin ; né en 1531, mort en 1570.

Jacques d'Empoli. Le Père Eternel, au moment où il vient de créer Adam.

Laurent Lippi (auteur du poëme le Malmantile) Jésus Christ sur la croix.

De Matthieu Rosselli, la descente du St. Esprit. (Il est du *Volterrain* son écolier).

Domiuique Cresti, dit le *Passignano.* Notre-Dame sur les nuages, avec son fils qui donne un panneau à une femme à genoux etc., petites figures

Jean-Baptiste Biliverti Florentin né 1576 ; et mort 1644. La Sainte Vierge dans un paysage ombragé, Jésus entre ses bras. S.t Joseph qui le contemple et S.t Jean-Baptiste enfant : grand tableau sur bois.

Octave Vannini. Tancrède blessé : sujet tiré du Chant XIX du Tasse : grand tableau.

Artemise Lomi de Pise : Judith qui coupe la tête à Holopherne ; tableau plein d'expression et même trop fort pour être l'ouvrage d'une femme.

Carlo Dolci. Galla Placidia, demi-figure qui représente le portrait de Félicie, Archiduchesse d'Autriche, fille de l'Archiduc Ferdinand-Charles, et seconde femme de l'Empereur Léopold : on voit sur une table un Crucifix et un livre avec la date 1675, une Idole renversée, etc.

Femme assise, en habit rouge, allaitant un enfant qui tient deux cerises dans la main droite. *Ecole Toscane.*

Jean de Saint Jean. Vénus qui peigne Cupidon ; sur toile, son premier ouvrage à l'huile. — Le coucher de la nouvelle mariée, l'époux est au lit ; la célébrité de ce tableau surpasse son mérite réel.

Livio Mehus, Florentin. Le sacrifice d'Abraham. On voit le Père Éternel peint dans le haut de ce grand tableau. Les figures sont comme nature ; le dessin en est fier, tout est beau et bon, dans le goût de l'école Romaine ; mais on ne sait pas par quelle raison, les teintes se perdent les unes dans les autres, de façon, qu'on ne voit les contours, que comme au travers d'un brouillard qui trouble tout.

Tournant à gauche.

Chev. Curradi Florentin. Six tableaux oblongs de l'histoire de S.te M. Madeleine.

Ciro Ferri Romain. L'Annonciation et Jésus-Christ sur la croix, etc.

Ange Bronzino Florentin ; jeune femme en habit noir, la tête enveloppée d'un voile, près d'une table sur laquelle on voit une petite statue, des camées, etc., fait à Rome en 1557, l'auteur fut très-estimé pour les portraits.

74
André del Sarto. Un portrait représentant Lucrèce sa femme ; elle porte cinq bagues à ses doigts, elle est près d'une fenêtre ; tableau très-estimé.

Dans l'aile occidentale.

Benoit Luti, Florentin. Moyse sur le Nil.

Antoine M. Gabbiani, Florentin ; Ganimède enlevé par l'aigle.

Vénus avec Cupidon, à fresque sur tuile, on a de bonnes raisons pour le croire du *Guide.*

Geminiani. Léandre que deux femmes ont tiré mort de la mer, où sa malheureuse amante vient de se jeter. L'amour s'enfuit épouvanté, etc.

> » Léandre conduit par l'amour,
> » En nageant disait aux orages,
> » Laissez-moi gagner les rivages
> » Ne me noyez qu'à mon retour

Pierre Testa, de Lucques : Didon sur le bûcher, Junon et Iris dans les airs, etc.

Léandre da Ponte, dit Bassan le jeune. L'Ange annonçant aux pâtres la nativité du Messie, dans un paysage.

Du *Bassan*, deux Déluges. — Jésus-Christ mort auprès de trois Maries, éclairé par un flambeau.

André de Vicence, mort en 1614. La reine de Saba apportant des trésors au roi Salomon ; grand tableau.

Paul Veronese. Jésus-Christ ressuscitant Lazare, avec plusieurs figures, grand tableau sur toile, récemment restauré et verni.

Rosalba Carriera. Une femme, en pastel.

Une Sainte Famille, qu'on dit être de *Boniface.*

Jacques et François de Bassan, Noé introduisant les animaux dans l'arche ; deux tableaux. — Le Souper du Riche et du pauvre.

Rutilio Manetti, de Sienne. S.t Sébastien, demi-figure, nu, percé de flèches.

Zanchi da Est. L'Assomption de la Vierge. —
L'Adoration des Rois.

Deux tableaux oblongs, avec des sujets de l'Enéïde.

Michel-Ange de Caravage. La Dispute au
Temple. — Jésus Christ chez le Pharisien ; c'est un
ouvrage admirable, d'un pinceau facile et net : les
plus beaux détails y sont rendus sans asservissement ;
la couleur en est vigoureuse, belle, fraîche et vraie,
Il fait un effet très-harmonieux, et il est dessiné
avec beaucoup de goût : les têtes en sont belles,
sur-tout celles des vieillards : il est plus fini que
le Caravage n'avait coutume de faire : mais les
ombres étant rembrunies, le rendent un peu dur.
Il est remarquable par la précision de son coloris :
les figures de ses tableaux sont saillantes par le relief qu'il a su leur donner avec des ombres fortes
et noires, qui donnent un effet piquant à ses tableaux, et les font aisément reconnaître. Il imitait
bien la nature, mais son choix n'était pas beau. Les
Caraches s'opposèrent à l'adoption de ce mauvais
goût, et firent voir que l'objet du peintre n'est pas
l'imitation de la nature, mais de la belle nature,
noble dans sa perfection. La plupart de ses figures
ont le ton olivâtre, et un certain air de bassesse :
aussi réussissait-il parfaitement bien à peindre les
paysans, les femmes du commun, etc. Il est célèbre
par la nouvelle manière qu'il s'est faite, dans laquelle
il a été suivi par Manfrede, Espagnolet et Valentin,
qui se sont efforcés de copier la nature toute simple,
telle qu'elle se présente à nos yeux, sans songer à
la parer ni à l'embellir comme les autres peintres ;
ce qui a rendu leurs ouvrages pauvres, d'un goût
sec et rude, tous chargés d'ombres et d'obscurités.

Franceschini, Boulonnais. Un Amour debout,
avec plusieurs attributs : beau tableau.

Crespi, dit *lo Spagnoletto*, Boulonnais. Un Vieillard demandant l'aumône.

Madelaine avec les cheveux épars, demi-figure
en profil. Ecole Toscane.

Diego Velasquez, peintre espagnol, en habit noir,
tête nue et une clef d'acier sur le flanc. Peint par
lui même.

S.t Pierre dans la prison, etc. On le croit du
Guerchin.

Gui Cagnacci, Boulonnais. Jupiter avec Hébé, etc.
demi-figures de grandeur naturelle : *Cagnacci* na-
quit effectivement à Castel S.t Archange, en 1601,
mort à Vienne en 1681.

Procaccini, Boulonnais, né en 1546, mort en 1626.
L'Assomption de la Vierge.

Semini, de Gênes, mort en 1614. Un Crucifix, etc.
grand tableau avec beaucoup de figures.

Castelli, mort 1650. L'Enlèvement des Sabines.

Cassana. Portrait d'homme à tête chauve et en
habit noir, avec une chaîne d'or qui pend de son
col. On le croit d'école boulonnaise.

Marco Sturini. La Madelcine, habillée d'un hail-
lon de drap, et d'un manteau bleu, à genoux dans
une grotte, devant un crucifix.

Luc Giordano, Napolitain. La transfiguration, en
six figures : grand tableau.

Jésus-Christ sur la croix ; la Madeleine et S.t Jean
sont en bas ; une femme à genoux, et deux autres
figures ; sur bois. Ecole Allemande. *Ex Voto.*

S.t Pierre et S.t Paul, qu'on conduit au martyre.
— La décollation de S.t Paul : de l'école Allemande.

Michel Wolgemuth, maître d'Albert Durer ; jugé
tel par tous les connaisseurs ultramontains. Christ
près du sépulcre, entre les bras des disciples.

Henry de Bless, dit *Civetta*, de Bovines. Le travail d'une minière.

Joachim Beuklaes, d'Anvers, écolier de Pierre
Arsen, fait en 1566. Le Christ montré au peuple
dans le vestibule de Pilate ; riche en figures.

Christ mort, entouré par plusieurs figures, dont l'une est un vieillard avec une torche allumée; on le juge de l'école de Venise.

Michel Wutky, Allemand : la Cascade de Tivoli, en 1784, lorsque l'eau venait de tomber dans la grotte de Neptune.

Nicolas Plate Montagne. Deux tempêtes sur mer; — plusieurs vaisseaux prêts à être engloutis.

François Floris, d'Anvers. Adam et Eve sous l'arbre; figures grandes comme nature.

Jean Joseph Van Goyen, né à Leyde en 1596, mort à la Haie en 1650. Vue d'une grande plaine près d'une ville éclairée par le soleil. Sur bois.

Maître Roux, Florentin ; ébauche. Moyse qui défend les filles de Jéthréo.

Vanni, de Sienne. L'enlèvement d'Hélène, figures plus grandes que nature.

Jean Martinelli, Florentin. Le Festin de Balthasar. Cet artiste n'est pas aussi connu qu'il mérite de l'être.

La Sainte Vierge assise, Jésus entre ses bras, et S.t Jean-Baptiste à côté. C'est une excellente copie sur bois, du beau Tabernacle peint à fresque par *André del Sarto*, hors de la porte Pinti; copie faite par *Jacques d'Empoli*, copie bien précieuse, puisque l'original n'existe plus depuis long-temps.

Sarcophages Etrusques.

Les Etrusques avaient la méthode de brûler les cadavres, et d'enfermer les cendres dans de petites caisses, ou dans des urnes, sur lesquelles on se bornait d'écrire le nom du mort. Ces peuples furent les premiers, après des guerres sanglantes, à être soumis par les Romains. *Winkelmann* fait voir qu'ils ont cultivé les arts avant les Grecs (*Hist. de l'art*, *L. I. pag.* 233), et lorsque Volsinium (Bolsene) fut prise, 265 ans avant Jésus-Christ, on transporta 2000 statues de cette ville étrusque à Rome.

Il y a quelques petits sarcophages gravés dans les monumens Homériques par *Titchbein*.

Pierre - Léopold a acheté et soigneusement recueilli tous les morceaux qui étaient à Volterra, dans le cabinet *Galluzzi*, et à Montepulciano. dans celui de *Bucelli*, où l'on avait rassemblé beaucoup de Sculptures étrusques, et urnes chargées de caractères ; ensorte que cette collection est devenue une des plus considérables qu'il y ait.

La plupart de ces objets sont en terre cuite ; d'autres en tuf ; il y a même quelques Sarcophages qui sont peints. On y a ajouté des explications, qui font connaître chaque objet, et le lieu d'où il a été tiré. Plusieurs de ces urnes trouvées à Chiusi, sont sculptées, et représentent la mort d'Etéocle et de Polinice ; celles que l'on a trouvées à Volterra sont les plus belles ; et on en voit plusieurs au cabinet *Guarnacci*. Il y a même des bas-reliefs en albâtre, qui tiennent en quelque sorte de la beauté des ouvrages grecs : ils représentent plusieurs sujets de la guerre de Troie. Ils ont été publiés en partie, et expliqués par *Gori* et *Passeri*, qui se sont distingués dans ce genre d'érudition. On y remarque sur-tout les dessus de tombeaux dont étaient couverts les corps qu'on ne brûlait pas. Les épitaphes qui y sont gravées contiennent ordinairement les noms du père et de la mère, suivant l'usage des Etrusques. Les tuiles où l'on voit des caractères étrusques sont ici séparées d'avec celles où l'on rencontre des lettres romaines. On peut consulter sur ces antiquités *Gori*, *Museum Etruscum* 1737. *Flor.* 3. vol. in-folio, et d'*Hancarville*, *Antiquités Etrusques*, *Grecques et Romaines* du cabinet de *Hamilton*, publiées à Naples, en 4 vol. in-folio, avec des planches enluminées ; et enfin *Lanzi* dans son dernier ouvrage.

Cabinets des bronzes.

On peut remarquer, parmi les bronzes modernes les copies de la célèbre Vénus de Médicis ; du Rémouleur, des Lutteurs et du Faune, faites du temps des Médicis, par le *Soldani*, moulées sur les originaux mêmes, et plusieurs autres copies en petit. Entre les autres originaux, on admire le célébre Mercure de *Jean Bologna* qui a été long-temps l'objet de l'admiration de Rome dans la Villa Médicis, on en voit aussi en petit, (il y en a beaucoup de copies en Angleterre). Il semble s'élancer dans les airs, se tenant en équilibre sur le souffle d'un Zéphire : toutes les beautés de l'art, sont réunies dans cette Statue admirable, d'un mérite d'autant plus rare que l'artiste en a soigneusement caché le travail. Le Dieu est vraiment en l'air ; quelle suavité dans les formes : quelle finesse dans l'expression.

L'Écorché ou la statue anatomique, par *Cigoli*, etc.

S. François-Xavier, — S. Joseph. — S te Thérèse du *Soldani*. — La copie de l'Urne Médicis, et le Baccanale de Borghèse. — Des Candelabres et autres meubles travaillés à l'imitation des antiques. — Le buste de Côme I : travail qui fit beaucoup d'honneur à *Cellini*.

Des Idoles etc. qu'on a réputées modernes, mais on peut bien s'être trompé dans plusieurs, car ils ont tous l'apparence de l'antiquité. — La patrie des *Ghiberti*, *Donatello*, *Verrocchi*, *Cellini* et où habita, et se forma *Jean Bologna*, doit être bien fournie dans ce genres : aussi cette collection est la plus belle que l'on connaisse. On y a rassemblé les copies en bronze de plusieurs statues, soit modernes, soit antiques qu'on trouve en Italie et ailleurs.

Un petit Faune qu'on attribue à *Donatello*, et

que l'on a pris pour un Mercure ; il appartenait
à la maison *Doni : Bocchi* est d'avis que c'est un
morceau antique, (trouvé dans une cave , manquant
d'un bras). On serait fort embarrassé , si on voulait
expliquer ce que signifie ce joli simulacre. C'est
un Enfant qui a des ailes. Il sourit, en élevant la
main droite , comme pour marquer de la surprise;
ses cuisses sont couvertes par un voile très-clair. Il
a des pavots à sa ceinture et un serpent à ses pieds;
sa chaussure est très-singulière. La tête ceinte
d'un jonc décoré d'une fleur, ou *pensée*.

David qu'on croit fait par *Donatello*. Il y a des
connaisseurs qui attribuent cet ouvrage à *André
Verrocchio*. Il est d'une beauté accomplie, et *Vasari* en fait le plus grand éloge.

Le Taureau Farnèse, il représente la scène des
cruautés qu'Amphion et Zéthus exercèrent sur la
malheureuse Dircé. Ce même groupe dont parle
Pline , est gravé dans un médaillon de *Thyatire*
en Lidie, qui est dans le Muséum Impérial de Vienne.
On trouva ce bronze en creusant la terre près d'*Ar-
timino*, lieu très-renommé par son bon vin.

Le sacrifice d'Abraham ; celui qui est doré a été
exécuté par *Donatello*; l'autre par *Ghiberti*, à l'âge
de 20 ans , et présenté au concours pour obtenir la
commission des portes du Temple de S.t Jean. *Brunellesco* aussi présenta une pareille pièce au concours , (elle est derrière un autel dans l'église de
S.t Laurent), et il s'en trouvait quatre autres ,
très-bien exécutées par des Artistes Toscans. Le
jugement fut porté en faveur de *Ghiberti* par 34
maîtres choisis, Toscans et étrangers : ce qui lui
procura l'exécution de cet immortel ouvrage, les
portes du *Baptistère*, qui pèsent 34,000 livres, et coû-
tèrent 22,000 sequins.

Un bas-relief qui représente le crucifiement de
J.-C. — L'histoire du serpent d'airain par le *Danti;*

voyez *Vasari*. Un admirable petit groupe de Laocoon, dont *Addisson* faisait le plus grand cas; un casque et un bouclier, et plusieurs autres pièces remarquables, etc.

Bronzes antiques.

Cette salle est enrichie d'ornemens en marbre, et renferme dans 14 armoires la plus belle collection de ce genre, après celle de Portici : les écriteaux au-dessus, marquent ce qui y est contenu.

I. Saturne, Opis, Jupiter, Neptune, Pluton, etc. Une Junon avec des caractères étrusques sur sa hanche : *Dempster* l'a gravée dans son *Etr. Reg.* (Pl. XCIII) — Vesta, portant une flamme dans la droite. On doit remarquer aussi un beau buste grec de Minerve; une tête de Mercure : ensuite Minerve Ergane; elle a le serpent entortillé autour du bras droit, et tient de la main gauche la navette du tisserand. La plupart de ces petites statues ont été certainement des Idoles domestiques, et on sait que pour ne les pas multiplier, on représentait la même divinité avec tous les attributs sous lesquels on pouvait avoir recours à elle; ainsi le possesseur de cet Idole avait dans une même figure la déesse de la santé, et celle de l'industrie; l'idolatrie avait sa superstition, ainsi que ses dévots.

II. Vénus avec ses divers attributs, nymphes, amours, génies, etc. la Vénus pudique, ou celeste, drapée jusqu'à la ceinture. La triomphant, la pomme à la main, décorée de pierreries, couronnée de myrte: elle a des caractères étrusques. Un Hermaphrodite remarquable par sa grandeur, et par le travail. Un soldat fort singulier en ce qu'il est armé d'une espèce de bâton, ou massue, et porte des cornes au front; et puis vient une belle Amazone; un Mars armé. On peut étudier ici les diverses armures des étrusques, et d'autres. Un groupe de deux soldats

armés de toute pièce qui en portent un troisième
mort; peut-être est-ce *Arpalion* ou *Polidore*. —
Deux Victoires ou *Némésis* qui portent un soldat
mort, etc.

III. Hercule, Bacchus et plusieurs Bacchantes,
parmi lesquelles une Ménade furieuse, d'une grande
expression : ces demi dieux sont ici différemment
représentés en plusieurs statues. On peut observer
un faune qui joue la double flûte à la manière dont
les *Tibiciens* sont décrits par *Héliodore*. Les travaux
d'Hercule y sont représentés aussi par une multitude de petites statues, qui prouvent que le culte
de ce Dieu était très-répandu dans l'Etrurie. On
remarque un groupe de Bacchus, auquel un génie
donne de l'ambroisie, symbole de l'immortalité : ce
génie est coiffé du col d'un oiseau aquatique, dont la
peau lui recouvre les épaules : il a le genou gauche
appuyé sur l'épaule du Dieu, et tient une urne
remplie d'une liqueur qu'il veut lui faire avaler.
Ces deux figures sont d'un travail grâcieux et fini;
il paraît que la figure ailée est ici le génie de Naxos,
auquel Bacchus veut faire boire du vin; action symbolique de l'attachement qu'il avait pour le peuple de cette île, où son culte était en honneur. On
a réuni Faunes, Satyres, Sylènes et autres divinités champêtres de sa suite.

IV. La Victoire, la Fortune, les divinités se-
condaires; des génies, des statues incertaines, on y a
joint les divinités Egyptiennes; on y remarque sur-
tout un Sérapis, qui est un des plus beaux morceaux.
On ne doit pas manquer d'observer ici une Isis
symbolique, couronnée d'un disque, ou rond, aux
côtés duquel pointent les extrémités du croissant
de la lune : elle tient le petit Horus sur ces genoux, et est assise sur une poule de Numidie qui
la couvre en partie : ce petit groupe est posé sur
un autel environné d'un grand oiseau de rivière.

Toutes ces figures hiéroglyphiques sont des symboles de la fécondité de l'Egypte. On croit remarquer le génie symbolique de l'Afrique dans une tête qui porte sur son front une trompe d'éléphant. Une Isis en pierre noire, etc.

Les Divinités étrusques dont on sait bien peu de chose, et sur lesquelles il faut lire l'ouvrage de *Gori.* C'est une collection très-riche, dans laquelle on voit cet art s'élever peu à peu jusqu'à la perfection.

VI. Plusieurs portraits d'hommes et de femmes; des lutteurs; des mimes, etc. Il y a aussi un grand nombre de fragmens de statues, qui sont d'autant plus précieux, que le travail en est d'un goût exquis, d'une conservation parfaite. Le Dieu Thélesphore ou des convalescens. Un petit Squelette dont on ne révoque point en doute l'antiquité, ce qui est une preuve des connaissances anatomiques des anciens.

VII. Des animaux de toute espèce, qui servaient ou de vœux, ou de symboles, ou d'enseignes militaires; un pégase, un hyppogriphe, une chimère; un taureau à visage d'homme, sur lequel les érudits de la Sicile débitent bien des choses. Une aigle romaine, qui a servi d'enseigne à la XXIV légion. Une main ouverte, enseigne appelée *Manipulus.*

VIII. Des autels, des trépieds, et autres instrumens relatifs à la religion, dont plusieurs sont travaillés et chargés de figures. Un sistre plus riche en symboles que celui qui est gravé dans le *Museum Romanum* : il ressemble celui décrit par *Apulée.* Une couronne murale; voyez *Silius Italicus*, qui décrit une pareille couronne dont le Proconsul Fulvius fit présent à Milon. Autre couronne rayonnée (V. *Addisson*). Le tigre ou le lion indique qu'elle a été un *ex voto* à quelque divinité.

IX. Des candelabres et des lampes, dans lesquels on trouve une variété incroyable de travail, de goût, et d'invention, qui fait honneur aux artistes de l'antiquité.

X. Des casques, des éperons, des mors de chevaux, etc. Il y a des boucles, des bagues, des colliers, des pendans d'oreilles, le tout en or ; et plusieurs miroirs en métal blanc, qui est peut être un alliage de cuivre, d'étain et d'arsenic.

XI. Des inscriptions anciennes, gravées sur des bronzes de différentes espèces. Un Diptique d'ivoire, de *Basile*, le dernier des consuls élu l'an 541. Constantinople personifiée lui met la main droite sur l'épaule ; au-dessus se voient les quatre factions du cirque. (Un autre diptique est dans la maison *Gherardesca*, avec l'apothéose de Romulus ; et un autre mutilé dans la maison *Riccardi*.) Un manuscrit en cire, presqu'effacé, contenant la dépense du jour, que Philippe - le - Bel, roi de France fit dans un voyage qu'il entreprit dans son royaume, en 1301, et que *Cocchi*, Florentin, a illustré dans une lettre imprimée. On conserve ici un grand nombre de patères échappées aux ravages des temps. Ce sont des vases qui servaient à différens usages dans les libations et les sacrifices : *Virgile* nous peint Didon une patère à la main, versant le contenu entre les cornes de la victime. Ciceron dit que Coriolan, en immolant un taureau reçut son sang dans une patère, et se procura la mort en le buvant. Il y avait de ces patères qui avaient un manche, et d'autres qui en manquaient. Parmi plusieurs instrumens, ustensiles, etc. , on voit des balances et romaines anciennes, dont une très-remarquable, en ce que son contre-poids est une tête de *Junon moneta*, qui équivaut exactement à une monnaie d'or d'Honorius, qui pèse quatre deniers et demi.

XII, XIII Des ustensiles antiques et de la vaisselle. Il y a des patères, sur une desquelles on voit

Pallas qui aide Persée à tuer la Gorgone. Une autre représente Castor et Pollux qui parlent avec un héros. Sur un troisième on voit l'enlèvement de Proserpine. Un beau disque en argent, sur lequel est représenté Flavius Ardaburius, Consul de Rome, en 342. L'abbé *Bracci*, Florentin, a donné sur ce disque une bonne dissertation.

XIV. Instrumens des arts, comme des serrures, des clefs, et quelques objets d'antiquité chrétienne. Il faut remarquer une lampe, en forme de vaisseau : S. Pierre est en poupe ; au-dessus de l'arbre on lit *Dominus Legem Dat. Valerio. Severo Eutropi. Vivas.* qui a beaucoup exercé les commentateurs. — Le Directeur *Pelli* a fait dessiner pour la Galerie tous les morceaux de ce cabinet ; ces dessins sont dans les archives. Le Dieu Pan, petite figure, avec un agneau sur les épaules. v. *Gori*, Museum Flor. pl. LXV, fig. I.

Un trépied ou autel portatif, au milieu de la salle, qui est décoré de trois serpens, comme l'était celui dont parle *Herodote* ; mais une étoile qu'on voit sur le front de trois têtes voilées, fait croire que ce sont les *Phebates*, prêtresses d'Apollon, et que cet autel était dédié au culte de ce Dieu.

Un très-beau Torse, ou fragment d'une superbe statue.

Un Homme haranguant avec une dignité imposante. Sur le bord de sa robe on voit des caractères étrusques : on le croit nommé *Metello* ou *Metellino*. On trouva cette belle statue près du lac Trasimène ; ce fut *Côme I* qui en fit l'acquisition en 1566. Le style, quoique noble, en est rude, et fort différent des antiques grecs ou romains : mais elle est précieuse en ce qu'on doit la regarder comme un véritable antique étrusque (*Montfaucon* T. 3 p. 39.) Il y a apparence qu'elle représente un de ces gouverneurs électifs, connus sous le nom de *Lucumons*,

qui, durant leur magistrature jouissaient d'un pouvoir presque royal : sa tunique ressemble à la romaine; par-dessus il a une autre robe, beaucoup
moins ample, et plus courte que la toge romaine;
celle-ci paraît être fermée; en haut elle a un grand
trou pour y passer la tête; le bras droit a tout le
mouvement : le bras gauche relève sa robe, et porte
un anneau au doigt : la chaussure est plus compliquée
que celle à la romaine, et ressemble (à ce que dit
Virgile) à la chaussure tirhénienne, ou toscane,
où l'on voit les liens dont il parle. *Servius* dit que
ces liens étaient ce qu'on appelait *crepidae.*

La Chimère, avec un nom en caractères étrusques
gravé sur sa jambe droite de devant, qui est, peut-
être, celui de l'artiste qui l'a formée. Elle a la
première tête de lion, celle de chèvre s'élève sur
son dos, et sa queue se termine par une tête de
serpent. Elle fut trouvée près d'Arezzo en 1558.

Un jeune homme, qu'on trouva à Pésare en 1530.
On doute si c'est un Génie, ou un Bacchus, comme
le prétendit *Bembo* ; c'est plutôt un Génie, c'est le
plus beau bronze qui nous ait été transmis des anciens. C'est un travail étrusque. On l'appelle l'Idole.
Il pose sur une base moderne, extrêmement bien
travaillée, avec une inscription de ce vers du Cardinal *Bembo* :

Ut potui huc veni. Delphis et fratre relicto.

On la croit de *Ghiberti.* Elle est ornée de festons
de lierre, de pampres et de raisins, soutenue aux
angles par des têtes de béliers, et décorée par deux
bas-reliefs imitant l'antique, l'un représente Ariaune
sur un char tiré par des tigres, ayant pour cortège
plusieurs satyres ; l'autre un sacrifice d'une chèvre.
Ces ornemens font voir qu'on avait pris cette idole
pour un Bacchus. On a soupçonné que cette belle
statue ait été moulée sur un corps vivant, mais il

y a des preuves du contraire. On en voit la gravure dans le *Mus. Flor.* (*Pl.* 45 et 46). Il tient la main droite ouverte et tendue, comme pour recevoir les offrandes qu'on lui faisait ; on voit deux creux à la place des yeux, qui étaient peut-être remplis par deux pierres précieuses.

Une Minerve, ou non achevée, ou endommagée par le feu ; mais qui n'est pas moins d'une beauté extraordinaire ; ce qui prouve que la Toscane, dès les temps les plus reculés, avait déjà ses *Lisippes*. Cette statue est très digne d'attention par sa rareté ; sa coiffure est un casque ouvert, ou héaume, qui a pour cimier un petit dragon, symbole de la vigilance et de la prudence : elle est vêtue d'un habit long de peau, dont les extrémités, devant l'estomac, forment une espèce d'égide. Son bras droit est moderne, l'ancien avait la navette et l'aiguille. On a trouvé cette belle statue auprès d'Arezzo en 1541.

On pourra remarquer sur la corniche, entr'autres choses, quatre têtes trouvées dans la mer de Livourne, en 1720. Des plongeurs ayant essayé de retirer quelques ballots d'une chaloupe qui avait fait naufrage, l'un d'eux ramena avec ses crochets une tête de bronze, entièrement conservée ; ensuite les trois autres qu'on voit. Ces quatre têtes paraissent être de la bonne manière grecque, et on croit y reconnaître un Homère très-beau.

Vases en terre cuite.

Parmi des vases étrusques il y en a quelques-uns que l'on croit être venus de la grande Grèce. On y admire la variété des formes, des couleurs, des vernis, et la légéreté. Il y en a de trouvés à Volterra, Chiusi, Arezzo ; et un avec une Bacchante, qui est assise sur un taureau.

Deux vases d'une grandeur peu commune. Les deux anses du premier se terminent en bas, dans les deux faces, en tête de cygnes. Dans la largeur du vase on y voit un temple à deux pilastres, d'ordre corinthien ; on y voit Castor menant son cheval, et qui tient une guirlande de la main droite.

Il y en a un où l'on voit une chasse : *Dancarville* commence sa collection par celui-ci, le croyant un des plus anciens ; et *Winkelmann* l'a cité plusieurs fois (Histoire de l'Art). Il y en a quelques-uns qui ont des caractères grecs. Les Grecs qui ont cherché à s'attribuer tout, ou plutôt ceux qui ont voulu tout attribuer aux Grecs, ont dit que l'art de la poterie et des ouvrages en terre cuite a pris son origine à Corinthe, d'où *Demarate*, père de *Tarquin*, le porta en Etrurie : mais il paraît que ce pays possédait cet art dans un temps très-reculé, et qu'il ne le dut aucunement aux Grecs. Ce qu'il y a eu de curieux sur ces vases Italiens, c'est que jusqu'à ce qu'on les a pris pour étrusques, d'après l'opinion de *Dempster*, *Gori*, *Passeri*, *Cailus*, *Montfaucon*, etc., on en a fait peu de cas, lorsque l'élégance des formes, et la perfection du dessin a réveillé l'attention des artistes, on a voulu les attribuer aux Grecs : on peut voir ce qu'en ont dit *Visconti*, *Thitchbein*, et sur tout ce qu'a publié *Bottiger à Weimar* en 1797. Ceux de ces vases qu'on a trouvé en Toscane, représentent le plus souvent des jeux, des combats, des vainqueurs couronnés, etc. *Strabon*, *Pline*, *Valère Maxime*, etc, font des Toscans une colonie de Lydiens, qu'*Eschile* appelle *Peuple voluptueux*, (Il faut voir ce qu'a dit *Fabbroni*, *degli antichi abitatori d'Italia pel Ciardetti* en 1803.) La collection de Florence est, après celle de Londres, la plus considérable en ce genre : on y a ajouté quelques vases imités des anciens, par la famille *Vasari* à Arezzo ; on imite en porcelaine noire, à *Hetrurie* en Angleterre, par *Wedgwood* ceux de plus belles formes ; on pourrait se tromper à la vue,

mais le poids les fait reconnaître pour ce qu'ils sont.
On imite à Florence plusieurs de ces beaux modèles
en albâtre et en terre cuite, chez les *Pisani*, etc.
Dans le haut du cabinet, on y voit de la poterie
d'*Urbino*, de *Cagli*, et de *Castel Durante*, coloriée
d'après les dessins de *Raphael*, de *Carracci* et
autres. Voyez ce qu'en dit le Dir. *Pelli*, dans son
Saggio Istorico, etc.

On a joint ici des antiques d'autre genre en terre
cuite, comme des lampes et des figures d'animaux,
qui suivant *Caylus*, étaient offertes par les pauvres en place de victimes; et peut-être quelques-
unes servirent de modèle aux ouvrages en bronze.
Il y a un grand nombre de jambes, de cœurs, etc.
qui étaient peut-être des *ex voto*, trouvés presque
tout près d'un ancien temple de Diane Némorense
vers l'an 1669. Il y a une caricature très-gaie d'une
vielle femme, etc.

Théâtre de Niobé.

C'est une grande Salle, ou pour mieux dire un
Théâtre, parce qu'il y est représenté la scène tragique de la malheureuse Niobé. Cette funeste vengeance fut consommée en partie à la campagne et
en partie dans le palais royal, suivant *Apollodore*.
Par égard à l'unité du lieu, il paraît qu'ici on ait
choisi ce dernier endroit. Les parois sont ornés par
des camées peints en clair-obscur par *Gherardini*,
Florentin, entremêlés aux stucs et aux dorures;
c'est sans doute le plus beau local de la Galerie.

Le célèbre groupe de la malheureuse famille de
Niobé, est composé ou réputé l'être, de seize statues grecques. (Le transport de Rome ici a coûté
75596 livres). Il est fort douteux que toutes les
pièces que l'on a réunies, appartiennent à cette
histoire; et on ne peut assurer, qu'on possède toutes
celle qui la composaient jadis. Elles ne sont pas toutes

du même auteur, ni d'égal mérite. La mère en est sans contredit la plus belle; c'est un chef-d'œuvre en tout genre : les contours sont parfaits ; la draperie est fort belle ; l'expression en est sublime. Une Déesse ne pourrait manifester d'une manière plus noble la douleur profonde, qui déchire le cœur de cette femme infortunée : elle mérite d'être préférée dans ce genre au célèbre Laocoon. Suivant Ovide, et Apollodore, Niobé, femme d'Amphion, et fille de Tantale, mère de tant de beaux enfans, s'en glorifiait et méprisait Latone sa sœur, qui n'en avait eu que deux : elle allait jusqu'à lui en faire des reproches, et à la charger d'injures. Latone s'en vengea par les mains de ses enfans. Apollon tua les fils, et Diane les filles. Ces statues sont un des plus beaux restes de l'antiquité. Après cette tragédie, Niobé fut changée en pierre, selon Homère. — Epigramme traduit de l'Antologie :

> » Le fatal courroux des Dieux
> » Changea cette femme en pierre ;
> » Le sculpteur a fait bien mieux ;
> » Il a fait tout le contraire.

Le Prélat *Fabbroni* les a fait graver dans la dissertation, qu'il a donné sur ce sujet. Ces statues étaient en 1775 à Rome dans la *Villa Médicis*.

La Niobé mérite d'être remarquée par son action : la plus petite de ses filles se jette dans ses genoux, en y cherchant un asyle; la mère étend sa draperie, comme pour garantir sa fille : l'attitude est vraie et noble ; la tête de la mère est d'un grand style, et a beaucoup d'expression : les autres enfans sont aussi dans des attitudes qui expriment avec un sentiment vif et profond , la crainte les angoisses de la mort et l'effroi. La plupart de ces figures, ne sont pas d'une égale perfection : mais il y en a qui ont des belles intentions et des attitudes assez naturelles. On les a moulées et modèlées plusieurs fois, et on sait que le fameux *Guido* en faisait l'objet de ses études; *Winckelmann* lui prodigue les plus grands éloges. « Les filles de Niobé, dit-il, contre lesquelles Diane a dirigé ses flèches meurtrières, sont représentées dans cette anxiété indicible, dans cet engourdissement des sens, lorsque la présence inévitable de la mort ravit à l'ame jusqu'à la faculté de penser. Niobé et ses filles seront toujours les modèles du vrai beau. » (*Hist. de l'Art. T. II. p.* 201.) On doit les regarder comme des monumens incontestables du haut style (*p.* 241), c'est-à-dire du siècle qui a précédé celui de *Praxitele*.

Falconet (*T. IV. p.* 387) examine si ce groupe est celui dont parle *Pline*, et s'il peut être de *Scopas* ou de *Praxitele* : il convient qu'on peut admirer la grandeur de la manière; mais il ne trouve pas que les draperies soient des plus belles, malgré l'avis de *Winckelmann* (*Mon. Ined. T. I.*); il critique le bras et la main dont la mère tient la fille; mais la main est moderne, ainsi que le pied de la fille qui est dans son giron.

Le fils mort devrait être près de sa sœur qui le regarde.

Un fils et une fille sont supplée : l'homme dans le *Mus. Flor.* avec un chien entre ses jambes, se retournant pour regarder la hauteur de l'horizon, paraît être *Endimion* qui observe le lever de la lune; ou il est un Discobole comme est décrit dans le *Mus. Florent. Pl.* 21 *Vol.* III. Voyez *Mus. Capitol. Rome* 1755, *page* 137. Il serait d'ailleurs bien difficile de replacer ces statues en groupe, d'une manière approchante à l'intention du maître; on a prétendu, que le cheval qui est à la porte d'entrée, appartenait aussi à la scène.

Voyez le Journal publié à Weimar en Saxe du

célèbre poëte *Golthé*, le *Propilées*, où il parle avec détail des restaurations qu'on a ajouté à ces statues, etc. etc.

En haut, on voit quatre bas-reliefs en marbre, faits par *Carradori*.

Tableaux.

Par *Rubens*; au deux bouts de la salle, la Bataille d'Yprès. — l'Entrée d'Henri IV. — Un bachanal. — Ferdinand d'Autriche, sur un char de triomphe, etc. — Buste d'une femme ayant un fil de perles dans la main gauche; on la croit une des trois femmes du peintre, ou plutôt la duchesse du Bukingam. — Hélène Forman tenant un livre de la main droite, seconde femme du peintre.

Diegue Velasquez. Philippe II, roi d'Espagne, à cheval; grand comme nature, imité d'un plus petit de *Rubens*, (voyez *Lanzi journal de Pise*, p. 202 T. 47 *Pelli Saggio Istorico T.* 1 *p.* 352), gravé par *Mogalli* en 1700. Celui-ci avait servi à *Pierre Tacca* Florentin, pour modeler la statue équestre de ce monarque qui est dans le palais del *Bon-retire. Conca* dit dans la description odeporique de l'Espagne. . . . . « Le Tacca écrivit à la » cour de Madrid, pour avoir un tableau peint » par un artiste habile, qui lui pût servir à mieux » remplir sa tâche; on lui envoya un tableau par » Diego Velasquez, celui peut être qui existe en- » core dans la Galerie de Florence, où le Roi est » représenté à cheval, etc. » C'est un peintre fort rare en Italie.

L'Adoration des Mages : on voit à gauche la Madelaine ; tous en demi figures : école Flamande.

De *Van-Dick.* La Vierge en gloire avec son fils qui a sous les pieds trois diables enchaînés : dans le lointain nos premiers pères chassés du paradis.

Tableau douteux.— Princesse de la maison d'Orléans, en habit noir, figure entière. — Après un portrait qu'on croit de la mère de *Subtermans* en sa vieillesse, demi-figure.

François Duwen. Princesse de la maison palatine, figure entière.

Juste Subtermans, un portrait d'un Suisse. — Autre du mathématicien Galilée.

Pierre Vander Faes, dit *Lely de Westphalie*; Robert prince palatin général de bataille.—Autre de mylor comte d'Ossory général de la mer, au service de l'Angleterre.

Portrait du duc d'Albermale, (*Aumale*) couvert de ses armes ; plus que demi-figure, de maître inconnu.

Deux portraits d'école florentine : une femme habillée en noir. — Un homme âgé, de même.

Adam et Eve, (près les fenêtres): grands comme nature : de *Cranach* le père. — Portrait d'homme qu'on dit être de *Cranach* le jeune, né à *Cranach* en 1498, mort en 1544.

Charles Loth de Munich. Abel mort et Adam qui le pleure ; il se perfectionna dans l'Ecole de Vénise, où il devint grand coloriste. Ses tableaux tiennent un rang distingué dans les collections.

Michel-Ange de Caravage. Une bohémienne disant la bonne aventure à une jeune femme au milieu de plusieurs autres.

Vieillard à cheveux blancs, portrait de *Teophile Folengo*, Benedictin, connu sous le nom de *Merlin Coccai*, par son célèbre poëme burlesque : il était né à Mantoue et mourut près de Bassan en 1544, il tient son mouchoir de la main droite et sa pellisse de la gauche. École Vénitienne.

Gerard des Nuits. Trois tableaux dont deux sont des soupers de nuit ; le troisième, l'adoration de l'enfant Jésus.

Dépôt de dessins et gravures.

L'usage de conserver soigneusement les dessins des grands maîtres, est des temps les plus reculés. *Encolpe* nous assure dans *Petrone*, d'en avoir trouvé quelques uns de *Protogène* dans une galerie. *Pline* fait mention de ceux que *Parrhase* avait tracés sur le bois, et sur le parchemin. Il était bien juste que les Italiens ne fussent pas moins reconnaissans envers leurs *Parrhase* et leurs *Protogènes.*

On prétend que cette collection soit la plus riche que l'on connaisse en Europe. Elle eut son commencement sous le célèbre Cardinal *Léopold*, en nombre d'environ 3oo volumes. Les dessins de *Cimabue*, de *Dati*, *Mengs* et *Batoni*, arrivent au nombre de 25ooo. Ceux des figures sont les plus nombreux. Il y en a plus de 1oo de *Raphael*, qui sont véritablement superbes, quelques-uns sont de *Léonard*; bien peu du *Corrège*, beaucoup de *Michel-Ange*, *Titien*, *Albert Durer*, *Fr. Barthélemy*, etc. Parmi les autres il y en a d'*André*, la première équisse de la célèbre *Madonna del Sacco*, ensuite une seconde bien plus soignée avec plusieurs changemens ou des *repentirs* et la dernière est complètement achevée et conformément à l'exécution qu'il en fit dans son tableau. Il y en a aussi beaucoup de plusieurs autres peintres, dont les ouvrages sont connus dans toute l'Italie et au dehors et dont les dessins se conservent ici. Beaucoup d'eux sont faits pour la gravure et pour la tapisserie et de ces derniers, plusieurs sont de *Raphael.*

C'est dans ce peu de lignes jetées sur le papier, qu'on voit le caractère, le feu, la vigueur du génie avec lequel une main assurée donne la première ame à la conception sublime de l'imagination. C'est-là où l'on voit les traces sur lesquelles ont marché les grands artistes, et où l'on voit les changemens instructifs qu'on appelle *pentimenti* (des *repentirs*) Nous avons peu de dessins achevés d'*André del Sarto;* mais ses ébauches disent beaucoup : peu de *Raphael* d'un grand fini ; mais dans ces lignes même, qui paraissent le plus informes, on aperçoit des repentirs heureux. Il est beau d'observer par quelles routes cet homme divin portait son art à une perfection qu'on dirait désespérante. *Mariette* a tracé avec beaucoup de goût le caractère des plus célèbres dessinateurs. *Luc Cambiaso* est peut-être le seul uniforme dans la manière de ses dessins. *Angensvile* prétend qu'on pourrait deviner les auteurs de chaque dessin : une telle assurance est sujette à de grandes méprises. Ce n'est pas sans exemple qu'on a attribué à un artiste ce qu'un autre avait fait, et qu'on a pris des imitations ou des copies pour des originaux.

Nous indiquerons quelques volumes qui la composent. *Michel-Ange*, le n.° VII comprend 58 desseins, le n.° X en renferme 12. Après avoir contemplé les contours hardis du sublime auteur de la chappelle Sixtine, on trouve moins admirables les dessins qui s'éloignent de sa manière. Il y a des peintres qui dans leurs contours n'ont jamais changé de manière ; telles sont p. ex. *Rubens, Rembrant, Baptiste Franco, Jules Romain*, les deux *Zuccheri*, etc. Dès qu'on a vu un de leur dessins, on a pris une idée à peu-près suffisante de leurs style.

Rubens n.° 17 dessins dans le vol. VIII appelé *universali*. Deux de *Rembrant* dans le vol. XIX. De *Baptiste Franco* deux dans le vol. IX. De *Jule Romain* vol. XIII n.° 36 et 12 dans le VI *Fred.* Zuccheri 161, dans le XVIII et 12, dans le vol. III. De *Taddée* 39 dans le vol. XVI et 12, dans le III. De *Léonard de Vinci* 26 dans le vol. XVIII et 5 dans le VIII. Il règne dans le visage de ses Vierges un charme extraordinaire. De *P. Véronnais* 17 dans le vol. xii, et de *Giorgione* 26. — Comme les Vénitiens s'attachaient moins à la correction du dessin, qu'à l'éclat du colorit et à la magnificence de la composition ; leur desseins, et particulièrement ceux du *Véronnais* et de *Giorgione*, sont remarquables par l'arrangement des groupes, et la disposition des draperies. Ils font en général peu d'attention aux parties, mais le tout est touché avec cette pompeuse magnificence qui se livre préférablement à la décoration du tableau.

Du *Parmesan* 97 dessins dans le vol. v, 12 dans le vol vi. Cet auteur a répandu un certain grâcieux dans ses ouvrages, qui, quoiqu'un peu forcé, ou théâtral, charme tellement, que ses dessins forment généralement la partie de choix du porte feuille de tous les amateurs. *Jean Bellini* 10 dans le vol. iii, et 2 dans le vol. iv.

De *Raphael* 102 dessins dans le vol. iii, et 2 dans le vol. vi. Il n'y a aucune remarque à ajouter à cet incomparable maître : chaque trait sorti de sa main est un précepte et un sujet d'admiration pour l'étudiant, comme pour le dessinateur le plus exercé.

Parmi les paysages plusieurs sont de *Claude*, de *Salvator Rosa* et de différens autres artistes Italiens et étrangers. Quant à l'Architecture il y en a de *Brunellesco* et la première idée de la Lanterne de la métropolitaine. Il y a aussi la célèbre *ville* de l'*Ammanato*, ouvrage très-estimé des artistes.

Gravures.

Plusieurs bronzes antiques, ainsi que les inombrables *patères*, qu'on voit dans les collections de Rome, Boulogne, etc. font voir que l'usage du *burin* est de la plus haute antiquité et on s'étonne à voir qu'on

ait laissé passer tant de siècles, avant d'apperce-
voir le parti qu'en a su tirer *Maso Finiguerra* or-
fèvre Florentin, qui en a montré la route par les ouvrages de *Niello :* ceux-ci sont autant de dessins gravés au burin, sur des plaques d'argent, et dont les
traits sont remplis avec une alliage d'antimoine, etc.
en place d'encre. Ainsi c'est absolument la gravure
en taille douce.

Quoique cette collection soit très nombreuse, elle
ne pourra qu'étonner les amateurs, vu l'entousias-
me qu'elle a répandu dans toute l'Europe (V.
le *Père Boissin*). *M. Heineken* dit d'avoir chez
lui deux gravures en cuivre, de la manière ancienne, avec deux chiffres, qu'il interprête *Lucas
florent. fecit.* Plusieurs ont des noms et des chiffres,
donc la plupart sont peu intelligibles, malgré les
éclaircissemens du *Père Orlandi, Christ* et autres.
On possede toutes les estampes d'*Albert Durer;* plusieurs de *Luc de Hollande;* de *Marc-Antoine* (parmi lesquelles le Songe), *Des Carraches, Rubens,
Callot, Stefanino della Bella* Florentin, etc. Cette
collection de gravures a été enrichie de beaucoup
par l'acquisition que fit *Ferdinand III.*

Pour ne point retarder la pubblication de cet abregé, on a omis ce qui appartient à la Salle nommée
du *Barroche,* à la quelle, dans la restauration deja
commencée, on a oté le Plafoud peint par *J. Do-
menique Ferreti Florentin.*

---

*Inscription greques, et latines;
monumens egyptiens etc.*

On à presque doublé le nombre des inscriptions greques et latines, qui etoient à Florence
dans le temps que *Gori* a publié son recueil :

7

Lanzi les a rangées par *classes*, à l'exmple de celles de Rome, et de Verone. La 1. classe est destinée aux dieux, et à leur ministres: le 2. aux césars: la 3. aux consuls, et aux magistrats de Rome: la 4. aux municipes: la 5. aux spectacles publics: la 6 aux guerriers: la 7. aux denominations, dont les anciens romains designoient leurs morts: la 8. aux mariages: la 9. aux afranchis: la 10. aux tombeaux des chretiens: la 11. aux épigraphes, ou noms des trepassès: la 12. aux mêlanges. En la Cl. 12. on voit une inscription de *Seraspandes* et de *Rhodaspes* fils de *Phraates* roi des Partes, qui du tems d'*Auguste,* chez qui ils étoient en otâges, meritèrent ce monument. Cette inscription est d'autant plus précieuse, que *Iustin,* qui parle de ces princes, avoit oublié de dire leur noms. Des Inscriptions, qui on fait le sujet de plusieurs dissertations savantes, ou qui ont servi à decider des points d'erudition: il y en a deux, entr'autres, qui sont bien dignes de l'attention des voyageurs; l'une pour Appius Claudius aveugle, qui fit le *grand chemin*, et l'autre pour Quintus Fabius Maximus le Dictateur. Elles contiennent un petit recit des honneurs, quils meriterent et de leurs hauts faits. On arempli les vuides des enchassures par des fragmens antiques trés-precieux. On a placé au milieu un torse en Basalte, fort loué par *Winkelman.* (Basalt, marbre noir trouvé en Etiopie, qui à ladureté du Fer, comme le nom l'exprime en langue du païs). Le plus grand bloc qu'on connoisse est celui du Nil, avec seize enfants, que Vespasien avoit dedié au Temple de la Paix, (à Paris). Il a la propreté de la pierre de touche; mais moindre que celle appellée *Lapis Lidius.* — Un autel de granit, ouvrage egyptien très rare: *Kirker,* et *Montfaucon* en ont parlé.

Deux Idoles égyptiennes en basalte: et — autre *Canope* plus grand, en pierre à éguiser.

Un obelisque: Il appartenoit à la maison *Vecchietti*, et à été publié par le *P. Kirker* dans son Oedipe Egypt. T. 3. Plusieurs autres fragments tirés de l'Egypte, avec des hiéroglyphes etc.

On y voit des pierres sepulcrales: Des demies Colonnes sans chapiteaux appellées *miliaires*, ou *cippes*, qu'on plaçoit sur les tombeaux, et sur les quelles se gravoit des inscriptions des Urnes; des Vases avec des caracteres, tous ces objets ont été transférés du Levant à Florence.

Parmi les Sarcophages il y en a un, où l'on a rèpresenté plusieurs amours ou genies ailès, occupés à differents exercices de gymnastique, représentés sur la grande face de devant, et sur les deux de côtés: ce qui donne une idée des usages pratiques de ce genre de spectacles. — Dans un autre pareil, on voit de même des petits genies occupés aux jeux du cirque, dans des quadriges etc. — et dans un troisieme, on en voit, qui tiennent plusieurs trophées.

Un Prêtre debout, qui tient des hierogliphes, en pierre *arenaria* d'Egypte. La tête, moderne, est de la pierre *arenaire* qu'on *trouve* à *Fiesole*.

Un petite Cippe (èntr'autres), titre Grec d'un *Tibicien*; Le Choraule étoit celui qui presidoit sur le choeurs; on le voit revétu d'une tunique, et qui tient de chaque main une flûte, dont le petit bout est appuyé sur la poitrine. Les flûtes icy sont sans trous; mais on sait qu'ordinairement elles en avaient trois, que l'on a multipliés ensuite juxqu'à sept, et à dix.

Parmi les différens fragmens qu'on a situés dans cette chambre, on doit remarquer une tête de Mouton sans cornes et avec un goître: *Fabbroni* qui l'à illustré, dans une dissertation imprimée par *Cam-*

biagi (en 1792, à Florence, avec deux planches) prouve, que le torse ou le corps de cet animal, est dans le Musée de Rome, etiqueté *Verves Ætiopicus Jonston*).

Cippe grec, de *Teopopio*. En bas-relief on voit Psiché et l'Amour.

Bacchante; tête en Basalte couronnée de lierre; le buste est en albatre oriental; avec des ornemens de Marbre de couleur.

Tête en porphire, faite par un artiste de Florence, elle est posée sur une base (digne d'observation, portant l'inscription de *P. Ferrarius, Hermes* et qui a été trouvée aux environs de Pise): elle est remarquable en ce qu'il y à la mesure du pied romain, le plus long qu'on connoisse, car elle répond à 1881, et une quinziéme partie du pied de Paris (mes. antiq.) On voit aussi une espéce de hache ou équerre, assez extraordinaire, une régle, des compas; un Miroir rond orné, posé sur un manche; deux souliers; un peigne; une petite bouteille; le plomb fait à pointe de fleche, etc. On voit une autre inscription, avec la mesure du pied, dans le palais *Niccolini* de cette ville; maison qui renfermé bien de choses rares en fait d'antiquité.

Le Brutus par *Michel Ange*, à peine ébauché; mais qui semble déjà plein de vie et d'un grand caractere. Cet incomparable artiste, laissa cette figure dans cet état d'imperfection, par un effet de cette inconstance, qui lui faisait abandonner tant de choses commencées. On lit au bas ce vers.

Dum Bruti effigiem Sculptor e marmore ducit,
In mentem sceleris venit, et abstinuit.

Le Comte de *Sandwich* Anglois, composa par opposition: *Brutum effecisset Sculptor, sed mente recursat. Tanta viri virtus, sistit et abstinuit.* « Le

» Sculpteur auroit achevé Brutus, mais il se forma
» une si grande idée de son héros, qu'il s'arrêta. «
Il n'est pas à croire que pareille idée ait pu empêché
ce grand homme de finir un ouvrage, qu'il avoit si
bien conçu et qu'il rendoit avec tant de vérité,
faisant sortir du marbre cette expression frappante,
qui l'anime et qui rend l'art rival de la nature. —
Dessus, — la tête de Satyre, le premier ouvrage que
Michel-Ange fit à l'âge de quinze ans, et qu'il
présenta à l'Académie fondée par *Laurent* le magnifique, à la quelle il fut agregé des lors, avec
une distinction signalée de la part du protecteur,
qui l'admit à sa table, et lui assigna une pension.

On voit enchassés dans les murailles deux grands
bas reliefs, dont l'un représente Gallien ou l'Empereur Trajan prêt à aller à la chasse, avec une
longue picque, appellée *Venabulum*; ou un soldat
avec son cheval (Mus. Fl. tab. 79, *Equitis Trans-
vectio*, etc.). L'autre contient trois groupes, qui
suivant *Gori*, représentent la terre, l'air et l'eau.
La figure principale est une femme assise sur une
petite élévation : la draperie qui la couvre est bien
jetée; ses cheveux sont nattés, et ornés de quelques
fruits : elle tient entre ses bras deux enfans qui la
caressent : elle a sur ses genoux des fleurs et des
fruits épars sans ordre : à ses pieds sont quelques
animaux qui paissent tranquillement. À sa droite
est une autre femme de moindre grandeur, élégam-
ment coiffée d'une bandelette, ou diadème qui lui
soutient les cheveux ; elle a l'air et la fraîcheur de
la jeunesse, elle n'est vêtue que jusqu'à la ceinture;
le reste de la draperie, qu'elle soutient de la main
droite, passe au-dessus de sa tête, et est enflée par
le vent: elle est assise sur un grand oiseau, qui
paroît planer doucement dans les airs; à ses pieds
est un autre petit oiseau au dessus d'un vase, d'où
sort une liqueur. Le champ au-dessous de ces deux

figures est couvert de fleurs, de pavots, d'épis et d'autres plantes utiles. A la gauche est une femme de même proportion que la précédente, appuyée sur un monstre marin et couronnée d'algue : elle sort des ondes, qui occupent tout ce côté. Ces trois figures très-bien exécutées, semblent représenter la *terre* fertilisée par *l'air* et *l'eau*, avec les effets de la fécondité. La longueur est de 9 pieds, sur 4 et demi de hauteur : la grandeur, la beauté de ce bas-relief, le rendent un des plus remarquables qui soient arrivés jusqu'à nous.

On voit une statue d'environ trente pouces de hauteur, d'une excellente manière, vêtue de la robe que portoient les jeunes Romains, avant que de prendre la toge virile, on croit qu'elle représente Britannicus. Elle est d'une pierre presqu'aussi noire que le basalte, tirant sur la couleur verte, ou de fer. (Mus. Fl. pl. 92).

Autour de la chambre il y a des cippes antiques, sur lesquelles on voit plusieurs bustes ; il y en a de fort rares ; ceux que nous allons indiquer méritent une attention marquée. — Tête *d'Euripides,* en pierre noire (*Lapis Svillius.*) Le maître de Racine et de Métastase. — *Domosthène.* — *Aratus* qui contemple le ciel : antrefois pris pour Diogene. — *Pythagoras.* — *Carnéades.* — *Sapho,* l'air de sa physionomie est extremement grâcieux et agréable. — *Alcibiades.* — *Sophocles,* poëte tragique. — *Aristophanes,* avec inscription ancienne. — *Platon* ; petit buste enchassé dans la muraille, avec son nom en lettres anciennes, où il y a aussi *Homère* qui transporte aux Dieux toutes les foiblesses des humains : *Utinam divina transtulisset ad nos.* — *Senèque* qui vécut dans l'opulence quoiqu'il ait préché le mépris des richesses. — *Ovide* anatomiste du cœur humain et de l'amour. — *Solon,* avec une inscription grecque singulière. — *Socrate* le plus sage des humains. — *Anacréon* dont les petites chansons respirent le goût, la délicatesse et la volupté. — *Théocrite*, le précursor de Virgile, du Guarini, et de Ségrais, dans l'art d'embellir les amours champêtres. — *Tête à grande barbe :* les érudits croient y retrouver Platon representé sons cette figure. Plusieurs de ces hermes portent leurs noms écrits, d'autres out des notes caractéristiques aux quelles on les reconnoit : il y en a enfin, qui sont nommés d'apres leur ressemblance avec celles d'autres cabinets, selon l'opinion de quelques savans, appuyée sur quelques médailles connues. Une tête avec les cornes de bélier; ou il est un *Satyre*, ou un Jupiter, lorsqu'il se montre à Hercule.

Sylene appesanti par le sommiel, s'appuyant d'une main sur un sas de raisin, et pouvant à peine ouvrir les yeux : il paroît rassembler toutes ses forces pour porter à ses levres une tasse de vin, qu'il ne peut pas rencontrer. C'est la représentation la plus vraie d'une profonde ivresse : la chaussure est le véritable *Soccus* d'usage dans l'ancienne comédie.

Haterie superbœ agée d'un an, 6 mois et 25 jours, elle tient de la main gauche une colombe, et à ses pieds est un chien, auquel elle présente une grape de raisin, une autre colombe est à ses côtés : deux génies la couronnent.

Quatorze bustes sont placés en haut, il sont douteux, il y a pourtant une tête assez renommée qu'on croit être *Cicéron*, qui sauva la republique dans la conjuration de Catilina, et qui flatta César, l'oppresseur de la Liberté romaine, mais qu'il ne faut pas confondre avec une autre buste de ce grand'homme (qui existe prés de l'Hermaphrodite), dont nous parlerons en son lieu.

Entre les petites caisses ou urnes, pour contenir les cendres, remarquez celle de *Popillia* C. C. L. *Januaria*, trepassé à l'âge de 23 ans.

Des Autels, voyez celui dédié à *Libero Patri ec.*
Portraits des Peintres.

Le plafond est d'*Anastase Bimbacci* Florentin.
Le Cardinal *Léopold* commença cette collection unique, et qu'on doit regarder comme une espece d'a-
cadémie, où le mérite seul donnait le brevet d'ad-
mission et où l'on vit encore apres la mort. On en voit
la statue en marbre dans une niche; (dans la base
se lit une inscription composée par *Henri New-
ton*). Il invita tous les plus célébres peintres vivans
à y envoyer leur portrait : les Peintres successifs
ont continué de l'enrichir par les leurs, pour être
placés à côté des grands maîtres, dont ils ont suivi
les traces, et partager avec eux la gloire dont ils
jouiront tant que les beaux arts seront en honneur.

On a la belle urne de la villa Médicis, sur laquelle on y voit sculpté le sacrifice d'Iphigénie,
la jeune et malheureuse victime est assise au pied
de l'autel, devant le simulacre de Diane avec son
arc, et le croissant sur la tête, la victime plongée
dans la douleur de son triste sort; a ses côtés à deux
hommes, le casque en tête, un desquels est Achille
qui prie la déesse d'accepter cette victime, pour
la salut de l'armée des Grecs; Ulysse tient un pied
sur une base : c'est lui qui trompant Clytemne-
stre mere d'Iphigénie, l'ammena feignant vouloir
la marier avec Achille, mais en effet, pour l'im-
moler à Diane; il y a un vieillard à grande barbe,
on le croit Agamemnon, à la droite, un autre homme
moins âgé qui, peut-être, est Ménélas. On recon-
noît assez Calchas et Taltibius dans les deux figures qui suivent: il y en a une troisième nue dont
on ignore le sujet. L'issue de cette fable n'est
point indiquée : tout le monde sait que Diane
pour la sauver lui substitua une biche, qui fût im-
molée à sa place. *Stefanino della Bella* Florentin
à gravé cette histoire avec beaucoup d'exactitude.

Ce n'est pas seulement le portrait fait du même peintre, qu'on doit remarquer dans cette collection ; c'est un essai de sa maniere. Ils sont gravés dans le *Museum Florentinum* et en partie dans la collection de *Hugford*, avec des détails historiques.

On voit, au milieu le divin Raphël éleve de l'Ecole de Florence et chef de celle de Rome, accompagné de Jule Romain, de Baroccio de Zuccheri. Dans l'école de Florence le plus ancien portrait est de *Masaccio*, qui fut le premier modele du style des modernes, et qui donna l'exemple à Raphaël, sans l'avoir reçu de personne ; *Léonard de Vinci*, homme étonnant, qui a laissé plusieurs manuscrits, dont on enrichit la bibliotheque de Paris et desquels *Venuti* nous a donné un essai ; le divin *Michel-Ange* etc. Remarqué *Morto da Feltre* Florentin, le restaurateur du grotesque. Dans l'Ecole de Vénise il y a les *Bellini*, auquel succéda le *Giorgione* qui éclaira le Titien, Paul Véronese, le Parmésan, le Tintoret, les Bassans, etc. Le *Primatice* est le plus ancien de l'école de Boulogne. La famille des *Carraches* qui réanimerent en Italie la peinture déjà déchue, et se firent une maniere qui sembloit réunir les charmes des autres écoles ; le Dominiquin, l'Albane, le Guerchin, le Guide etc.

La collection des Peintres étrangers est assez considérable : on remarque surtout Holbein, Rubens, Van-Dick, Velasquez, Rembrant, Albert Durer, Charles le Brun : mais il y manque le Poussin qui, quoique François de naissance, peut-être considéré comme peintre Italien. Il y a plusieurs portraits, dans lesquels les auteurs se sont peints avec des sujets de leur genre, surtout ceux dont le talent n'étoit pas de faire des portraits en grand, comme le Bourguignon, peintre de paysages et de batailles ; Van-der-werf, Van-der-neer, Mie ris

Sckalken , célèbre par ses nuits eclairées de lumiere ; Resani pour les animaux ; Balassi, et Vander-
brac pour les fleurs : En pastel Vivien, Nantonel,
Lieutard , et la Rosalba .

Le cabinet suivant, fait portion de la collection précedente : Le plafond est peint par *Pierre Dandini* Florentin . On y trouve beaucoup de
portraits des peintres modernes, et des anciens,
tels que *Reïnolds*, *Mengs*, la *Kauffmann*, la *Lebrun*, le moine de *Greys*, fait à la plume ; singularité qui le rend assez remarquable .

Table octogone en pierres fines : c'est la plus riche de toutes ses semblables : il y à des topases,
granats etc. Elle fut commencée en 1623 par
Jacques Autelli, d'aprés le dessein de *Ligozzi* ;
22 ouvriers occupés sans interruption à cet ouvrage, l'acheverent en 1649. Le petit rond, qui est
au milieu, fut travaillé d'aprés le dessein de *Poccetti* . L'incrustation est parfaite, si nuancée, si
approchante de la nature, qu'on est etonné de la
patience, et de l'adresse des artistes . On n'à point
discontinué depuis ce temps là, de faire des ouvrages dans ce genre, qui sont fort riches, et qui
ont approchés même le fini, et l'exactitude du
pinceau ; sur tout dans la representation des vases,
et des sujets d'histoire naturelle, tels que les insectes, et les coquillages .

Remarqué aussi le buste en marbre, de la
Seimours-Dammer, dame Angloise, fait par elle
même.

D' Agar (*Jacques*) Parisien , né en 1640 m. en
1716.
Aikman (*Guillaume*) Anglois n. 1700 m. 1746.

Albani (*François*) Boulonnois; n. 1578 m. 1660.

Alberto Alberti (*Cherubine*) Borgo S. Sepolcro en Toscane n. 1552 m. 1615.

Alberti) *Jean*) Borgo San Sepolcro en Toscane n. 1558 m. 1628.

Allori (*Alexandre*) Flor. n. 1535 m. 1607. (*Christophe*) Florentin; n. 1577. m. 1621.

Aloisi (*Balthassar*) Boul. n. 1578 m. 1638.

Amerighi (*Michel Ange*) de Caravage dans le Milanois n. 1569 m. 1609.

Anguisciola (*Sophonisbe*) Cremone n. 1559 m. 16....

de Angelis (*Philippe*) Naples n. 1600 m. 1661.

* (*Dominique*) Rome, Peinte en 1780.

Aretusi (*César*) Boul. n. 1580 m. 1645.

Arlaud (*Jacques Ant.*) Génevois n. 1608 m. 1743.

Bacherelli (*Vincent*) Flor. n. 1672 m. 1745.

de Backer (*François*) Flamand n. 16...... m. 17......

Balassi (*Marius*) Flor. n. 1604 m. 1667.

Baldacci (*Marie Mad.*) Flor. n. 1718 m. 1782.

Baldrighi (*Ioseph*) Diogése de Pavie n. 1723.

Balestra (*Antoine*) Veronois n. 1666 m. 1740.

Bagnoli (*Iean Franc.*) Florence n. 1678 m. 1713.

Bandinelli (*Baccio*) Peintre, et Sculpteur Florentin n. 1487 m. 1559.

Barbarelli (*George*) de Castel Franco, Marche de Trevise n. 1477 m. 1511.

Barbatelli (*Bernardin*) Flor. n. 1542 m. 1612.

Barbieri (*J. Franç.*) de Cento; n. 1590 m. 1666.

Baroccio (*Ambroise*) Milan n. 15.... m....

Batoni (*Pompée*) Lucquois n. 1708 m. 1787.

Baviere (*M. Antoniette Prencesse Imp. de*) n. 1724 m. 1780.

Beccafumi (*Domin.*) Siennois n. 1484 m. 1549.

le Bel (*J. Baptiste*) Flamand du XVII siécle.

Bellini (*Jean*) Venise n. 1425 m. 1515.

Bellotti (*Pierre*) Volzano n. 1625 m. 1700.

Bellucci (*Antoine*) Venise n. 1654 m. 1726.

Benefial (*Marc*) Rome n. 1684 m. 1764.

Benwel (*Marie*) Angloise fit son Portrait en 1779.

Berrettini (*Pierre*) Cortona n. 1569 m. 1669.

Bernini (*Chev. J. Laurent*) Naples n. 1598 m. 1680 Famille Flor.

* Bettini (*Antoine Sébastien*) Flor. n. 1707 m.

Bimbi (*Barthelemi*) Flor. n. 1648 m. 1725.

Bizzelli (*Jean*) Flor. n. 1556 m. 1612.

Bloemart (*Abraham*) Flam. n. 1567 m. 1647.

Boccacci (*Camille*) Cremone n. 1511 m. 1546.

Bocciardi (*Clement*) Genes n. 1620 m. 1658.

Bombelli (*Sébastien*) Udine n. 1635 m. 1685.

Borgianni (*Horace*) Rome n..... m. 1681.

Boscoli (*André*) Flor. n. 1553 m. 1606.

Bottani (*Joseph*) Cremone n. 1717 m. 17

Botti (*Franç.*) Flor. n. 1640 m. 1710.

Bouchardon (*Edmond*) Franç. n. 1698 m. 1762.

Breckberg (*Job*) Harlem. n. 1637 m. 1695.

le Brun (*Charles*) Parisn. 1619 m. 1690. — (*L. E. Levigée*) Fait en 1781 d'Anjou.

Buonaccorsi (*Pierre*) Flor. n. 1500 m. 1547.

Buonarroti (*Michel Ange*) Flor. n. 1474 m. 1563.

Buontalenti (*Bernard*) Flor. n. 1536 m. 1608.

Burino (*Antoine*) Boul. n. 1656. m. 1727.

Caccianiga (*François*) Milan n. 1700 m. 17....

Cagliari (*Paul*) Vérone n. 1582 m. 1588.

Cairo (*Franç.*) Milanois n. 1598 m. 1674.

Calcar (*Jean*) Flam. n. 1499 m. 1546.

Callot (*Jacques*) Nancy n. 1594 m. 1635.

Cambiaso (*Luc*) Moneglia n. 1527 m. 1585.

Campiglia (*J. Dominique*) Lucques; n. 1692. m. 17....

Campi (*Galeas*) Cremone n. 1477 m. 1536.

Caracci (*Annibal*) n. 1560 m. 1609. (*Antoine*) ne à Vénise 1683 m. 1618 (*Augustin*) n. 1558 m. 1605. (*Francois*) n. 1595 m. 1622. (*Louis*) n. 1555 m. 1619 de Boulogne.

Gardi (*Chev. Louis*) nè à Cigoli n. 1559 m. 1613

Carriéra (*Rosalbe*) Vénise n. 1678 m. 1751.

Casini (*Jean*) à Varlungo n. 1689 m. 1748. Flor.

Cassana (*J. Agustin*) n. 16..... (*J. François*) n. 1611 m. 1691 de Genes. (*Nicolas*) nè à Venise 1659 m. 1713.

Castiglione (*J. Bapt.*) Genes. n. 1616 m. 1670.

Cavedone (*Jacques*) Sassuolo n. 1580 m. 1660.

Césari (*Chev. Joseph.*) Arpino n. 1560 m. 1640.

Chiàri (*Joseph*) Rome n. 1654 m. 1727.

Chiavistelli (*Jacques*) Flor. n. 1621 m. 1698.

* Ciabilli (*Jean*) Flor. n. 1688 m. 1746.

Cignani (*Carles*) Boul. n. 1628 m. 1719.

Cinqui (*Jean*) Flor. n. 1667 m. 1743.

Colonna (*Angel Michel*) Come n. 1600 m. 1687.

Commodi (*André*) Flor. n. 1560 m. 1638.

Conca (*Chev. Sebastien*) Gaëte n. 1679 m. 1770.

Contarini (*Jean*) Vénise n. 1549 m. 1605.

Conti (*Franc.*) Flor. n. 1681 m. 1760.

Coppi (*Jacques*) Peretola n. 1523 m. 1591 Flor.

Cortesi (*Jacques*) Bourgogne n. 1621 m. 1676.

Corvi (*Dominique*) Viterbo, vit à Rome; fait en 1780.

Coypel (*Antoine*) Paris n. 1661 m. 1722.

Crespi (*Daniél*) Milan n. 1592 m. 1630. (*Joseph Marie*) nè à Bologne 1665 m. 1747.

Cresti (*Dominique*) Passignano Flor. n. 1558 m. 1638.

Curradi (*Chev. J. Franc.*) Flor. n. 1570 m. 1661.

Dandini (*Pierre*) Flor. n. 1646 m. 1712.

de Dantzic (*Salomon*) Vivoit en XVII siecle.

de Vita (*Sebast. Josep.*) Spalate n. 17....

du Flos (*Pphilotée*) Paris n. 1710 m. 1747.

Dolci (*Carles*) Flor. n. 1616 m. 1686.

Dossi (*Dosso*) Ferrare n. 1474 m. 1536.

Durér (*Albert*) Nuremberg n 1470 m. 1528.

Dow (*Gerard*) Leyde n. 1613 m. 1674.

114
Douwen (*J. Franc.*) Ruremonde n. 1636 m. 1727.
Elzheimer (*Adam*) Francfort n. 1574 m. 1620.
Empoli (*Jacques*) Flor. n. 1554 m. 1640.
Facini (*Piérre*) Boul. n. 1562 m. 1602.
* Fanti (*Vincent*) né a Vienne 1718 m. 178
* Favrai (*Antoine*) Français né 1762.
Ferrari (*Lucque*) Rhege n. 1605 m. 1652.
Ferretti (*J. Dominique*) Imola né à Flor. 1692
   m. 17.....
* Ferri (*Jesuald*) San Miniato n. 1728 (*Ciro*) Ro-
   me n. 1628 m. 1690.
Feltre (*Morto da*) Flor. n. 1478 m. 1513.
Fiorentino (*Antoine*) dit *Veneziano* né à Floren-
   ce 1309 m. 1383.
Fiori (*Fréderic*) Urbin n. 1528 m. 1612.
Fontana (*Lavinie*) Boul. n. 1552 m. 1602.
Forabosco (*Jérome*) Vénise. V. du XVII Siecle.
Franceschini (*Balthassar*) Volterre n. 1611 m.
   1689. (*Marc Antoine*) Boul. n. 1648 m. 1729.
Franchi (*Antoine*) Lucque n. 1638 m. 1686.
Franck (*Franc. Federic*) Holland n. 16....
Fratellini (*Jeanne*) Flor. n. 1666 m. 1731.
Furini (*Franc.*) Flor. n. 1604 m. 1646.
Gabbiani (*Ant. Marie*) Flor. n. 1652 m. 1726.
Galantini (*P. Hippolite: Capucin*) Flor. n. 1627.
   m. 1706.
* Galeotti (*Sébastien*) Flor. n. 1676 m. 1750.
Galletti (*P. Philippe Marie*) Floren. n. 1636 m.
   1714.
* Gambacciani (*Franc.*) Flor. n. 1701 m. 17....
Gambruzzi (*Jacques*) Feltre Peint en 1791.
Gauffier (*Louis*) Rochelle n. 1761.(*Pauline*) Cha-
   tillon sa femme m. 1801.
Gaulli (*J. Baptiste*) Genois n. 1639 m. 1709.
Gennari(*Bénoit*) Cento n. 1633 m. 1715.(*César*)
   Boulonnois n. 1641 m. 1688.
Gherardini (*Alexandre*) Flor. n. 1655 m. 1723.

* Gherardini (*Thomas*) n. 1715 m....
* Ghezzi (*Pier Leon*) Rome n. 1674 m. 1755.
Giordano (*Luc*) Napolitain n. 1632. m. 1705.
* de Glain (*Paschal*) François.
Grati (*J. Bapt.*) Boul. n. 1681 m. 1758.
de Greyes (*P. Benoit des prêcheurs*) Livourne.
* Grisoni (*Joseph*) Flor. n. 16.... m. 1769.
Guttembrun (*Louis*) Aûtriche. Peint en 1782.
Grund (*J. Jacques*) Anspach. Peint en 1791.
Hoare (*Prence*) Anglois. Fait en 1780.
Hickel (*Joseph*) Lippa n. 1736.
Holbein (*Jean*) Bâle n. 1498 m. 1554.
Hundhorst (*Gérard*) Utrecht n. 1592 m. 1660.
Jordans (*Jacques*) Anverse n. 1594 m. 1678.
Kauffmann (*Angelique*) nà à Bregentz en Suisse
    1741 m. à Rome en 1807.
Klockner (*David*) Hambourg n. 1629 m. 1698.
Kneller (*Godefroi*) Lubech n. 1648 m. 1717.
Koningh (*Piérre*) Anverse n. 1620 m. 1689.
Kranack (*Luc*) de Kranak n. 1472 m. 1553 ou 1556.
Laer (*Piér*) Hollandois n. 1613 m. 1675.
Lairésse (*Gérard*) Liege n. 1640 m. 1711.
Lanfranco (*Jean*) Parme n. 1581 m. 1647.
* Lapi (*Nicolas*) Flor. n. 1661 m. 1732.
de Largigliére (*Nicolas*) Paris n. 1656 m. 1746.
Leisman (*J. Antoine*) Salisbourg n. 1604 m. 1698.
Legnani (*Etienne Marie*) Milan n. 1660 m. 1715.
Lely (*Piérre*) Westphalie n. 1618 m. 1680.
Liberi (*Ch. Pierre*) Padoue n. 1615 m. 1687.
Licinie (*J. Antoine*) Frioul n. 1484 m. 1540.
Ligozzi (*Jacques*) Vérone n. 1543 m. 1627.
Liutard (*J. Erneste*) Géneve n. 1702 Peint en 1744.
Lippi (*Laurent*) Flor. n. 1606 m. 1664.
Loth (*Charles*) Munich n. 1611 m. 1689.
* Luti (*Benoit*) Florentin n. 1666 m. 1724.
Macpherson (*Joseph*) Florentin n. 1728.

Maganza le Jeune(*J. Babpt.*) Vicence n. 1577 m. 1617.

Manetti (*Rutile*) Sienne n. 1571 m. 1639 ou 37.

Mannozzi (*Jean*) né à Saint Jean dans le Florentin en 1590 m. 1636.

Manzuoli (*Tomas*) Florentin n. 1531 m. 1570.

Maratta (*Charles*) près d'Ancone n. 1625 m. 1713.

Maron (*Antoine*) Vienne n. 1731 Peint én 1787.

Marinari (*Honore*) Flor. n. 1627 m. 1715.

Marmocchini Cortesi (*Jeanne*) Fratellini Flor. n. 1666 m. 1731.

Maro (*Joseph*) Turin n. 16.... m. 17....

Marucelli (*J. Etienne*) Florentin n. 1586 m. 1656.

Masaccio (*Thomas Guidi*) né à Saint Jean, dans le Valdarne, territoire Florentin 1402 m. 1443.

Mazzuola (*Franç.*) Parme n. 1504 m. 1540.

Mazzucchelli (*Pier Franç.*) Milan n. 1571 m. 1626.

Mazzuoli (*Joseph*) Ferrare n. ... m. 1580.

Medicis (*Piérre de*) des Ducs d'Athène Flor. n. 1567 m. 1648.

Medina (*Chev. J. Bapt.*) Bruxelles n. 1660 m. 1711.

* Mehus (*Live*) à Oudenarde n. 1630 m. à Florence 1691.

Mengs (*Chev. Ant. Raphaël*) *Aussig* en Boheme n. 1728 m. 1779.

Menageot (*François*) Peint en 1797.

* Messini (*Ferdinand*) Florentin. Peint en 1745 m. 1750.

Messis (*Quintin*) Anvers n. 1450 ou 73 m. 1529.

* Meucci (*Vincent*) Flor. n. 1694 m. 1766.

Miel (*Jean*) Anvers n. 1599 m. 1664.

Mieris (*Franc.*) Leiden n. 1635 m. 1681.

Milani (*Aurele*) Boulogne n. 1675 m. 1749.

Mola (*Pier Franc.*) Come n. 1621 m. 1666.

Monari (*Christophe*) Reggio n. 1667 m.

Monti (*Franc.*) Boulogne n. 1685 m.

Moor (*Antoine*) Utreoht n. 1520 m. 1590. (*Char-les*) Leyden n. 1656 m. 1708.
Morandi (*J. Marie*) Flor. n. 1622 m. 1717.
del Moro (*Laurent*) Flor. n. 1677 m. 1735.
More (*Jacques*) Anglois n. 17.... m. 1792.
Moroni (*J. Bapt.*) Albino n. 1528 m. 1578.
Mulier (*Piérre*) Harlem. n. 1637. m. 1701.
Murray (*Thomas*) Ecossois n. 1666 m. 1724.
Muscher (*Michel*) Rotterdam n. 1645 m. 1705.
Meytens (*Martin*) Stokolm n. 1695 m. 1775.
Nannetti (*Nicolas*) Flor. n. 1675 m. 1749.
Nantouel (*Robert*) Rheims n. 1618 m. 1678.
Nasini (*Antoine*) né 16.... m. 1716. (*Chev. Joseph*) n. 1660 m. 1736 de Sienne.
Natoire (*Charles*) Franç. n. 1698 m. 1777.
Nebbia (*César*) Orviete n. 1536 m. 1611.
Northcote (*James*) Plimut. n. 1746 Peint. en 1778.
Nuzzi (*Marius*) Penna n. 1603 m. 1673.
Ortolani (*J. Bapt. Damon.*) Rome Peint en 1789.
Pagani (*Grégoire*) Flor. n. 1558 m. 1625.
Paggi (*J. Bapt.*) Genois n. 1554 m. 1627.
Paglia (*Franç.*) Bresse n. 1636 m......
Paladini (*Archange*) Pise n. 1599 m. 1622.
Puladina (*Arcadia*) Allemande.
Palma (*Jacques*) le jeune Vénise n. 1544 m. 1628.
Panfi (*Romul*) Carmignano dans le Flor. n. 1632 m...
Paolini (*Pierre*) Lucques n. 1603 m. 1681.
Parodi (*Dominique*) Génes n. 1668 m. 1740.
Passerotti (*Joseph*) Rome n. 1654 m. 1714. (*Ventura*) Boul. n. 1586 m. 16.... (*Tiburce*) n. 1575. m. 16... (*Barthelemi*) Peint en 1550 Baulonnois.
Pazzi (*Abbé Antoine*) Florentin n. 1706.
Pellegrini (*Pellegrin*) Boul. n. 1522 m. 1592. (*Antonie*) Paduan u. 1674 m. 1741.
Pens (*George*) Nuremberg n. 1516 m. 1560.
Petrazzi (*Astholphe*) Siennois m. 1560.

118

Piattoli (*Anne*) n. 1720 m. 1788. (*Gaetan*) Son
  mari Flor. n. 1703 m. 1774.
Pignoni (*Simon*) Flor. n. 1614 m. 1698 ou 1706.
Pippi (*Jules*) Rome n. 1492 m. 1546.
de Poer-n (*Charles* Paris n. 1655 m. 1725.
da Ponte (*François*) n. 1548 m. 1591. (*Jacques*)
  n. 1510 m. 1592. (*Léandre*) n. 1558 m. 1623.
Preisler (*J. Justin.*) Nuremberg n. 1693 m. 1755.
* de Preti (*Mathias* Calabre n. 1612 m. 1699.
Preziado (*François*) Séville n. 1713 m. 17 ...
Primaticcio (*François* Boul. n. 1490 m. 1570.
Pourbus (*François*) Anvers. n. 1570 m. 1622.
Pozzi (*André*) Jesuite. Trente n. 1642 m. 1709.
Quadàl (*Martin*) Morave peint en 1785.
Ramenghi (*Barthelemi*) Boul. n. 1500 m. 1551.
Razzi (*J. Antoine*) né à *Vergelle* près de Siene
  en Toscane en. 1479 m. 1554.
Redi (*Thomas*) Florentin n. 1665 m. 1727.
Reni (*Guide*) Boulonnois n. 1575 m. 1642.
Rembraut du Van-Rhin. Leiden n. 1606 m. 1674.
Resani (*Archange*) Rome n. 1670 m. 1742.
Reynolds (*Chev. Josuë*) Anglois n. 1718 m. 1792
  Peint 1775.
Ribera (*Joseph*) Gallipoli n. 1593 m. 1650.
Ricci (*Sébastien*) Trevise n. 1659 m. 1734.
Riccio (*Dominique*) dit Brusasorci. Verone n. 1494
  m. 1567.
Ricciolini (*Michel Ange*) Todi né à Rome en 1654
  m. 1715. (*Nicolas*) Rome n. 1681 m. 17 ....
Ridolfi (*Claude*) Verone n. 1560 m. 1644.
Rigaud (*Hiacinthe*) Perpignan. n. 1683 m. 1743.
Riminaldi (*Horace*) Pise n. 1598 m. 1603.
Riviera *François*) Paris n. 1660 m. 1746.
Robusti (*Jacques*) n. 1512 m. 1594. (*Mariette*) n.
  1560 m. 1590 Venise: dit le *Tintorette*.
Roncagli (*Christophe*) dalle Pomarance dans le
  Florentin n. 1552 m. 1626.

Rosa (*Jean*) d'Anverse n. 1591 m. 1683. (*Salva-tore*) né a Rénelle Napol. n. én 1615 m. 1673.
Rosi (*Alexandre*) Florentin n. 1627 m. 1691.
Roslen (*Alexandre*) Stokolm Pient en 1790.
Rosselli (*Matthieu*) Flor. n. 1578 m. 1650.
Rossi (*Antoine*) Boul. n. 1700 m. 17.... (*François*) n. 1509 m. 1563 dit Salviati Floren.
Rotari (*Comte Piérre*) Verone n. 1707 m. 1757.
Rubens (*Piérre Paul.*) né a *Achem la Chapelle* en 1577 m. à Anvers 1640 — autre portrait, repeté en different age avec le chapeau.
Sagrestani (*J. Cammille*) Flor. n. 1660 m. 1731.
Salimbeni (*Ventura*) Sienne n. 1557 m. 1613.
Salvi (*J. Bapt.*) de Sasso Ferrato: dans la Duchée d'Urbin n. 1605 m. 1686.
Sampieri (*Dominique*) Boul. n. 1581 m. 1611.
Sanzio (*Raphaël*) Urbin n. 1483 m. 1520.
Sandrart (*Joachim*) Françfort n. 1606 m. 1688.
del Sarto (*André*) né è Florence en 1488 m. 1530.
Scisman (*Jean Antoine*) né à Saltzbourg en 1604 m. 1698.
Schalken (*Godefroi*) Dordrecht n. 1643 m. 1707.
Schiavone (*André*) Sébenico n. 1522 m. 1582.
Schonjans (*Antoine*) Anvers n. 1655 m. 1726
Scorza (*Sinibald*) Génes n. 1589 m. 1631.
Schwartz (*Christophe*) Ingolstad n. 1550 m. 1594.
Seimours Dammer (*Anne*) Angloise; Buste en marbre, fait de sa propre main, en 1778 à Londres.
Sevin (*Claude*) Bruxelles n.... m. 1676.
Seybolt (*Crétien*) Althenaer n. 1702 m. 1749.
Sirani (*J. André*) Boul. n. 1610 m. 1670.
Siries (*Violante*) Flor. n. 1710 m. 1783.
del Sole (*J. Joseph*) Boulonnois n. 1654 m. 1719.
Soliméne (*Franç.*) Noceta près Napl. n. 1657 m. 1747.
* Sorbi (*Jean*) Sienne n. 1695 m. 17....

Sorri (*Piérre*) Sienne n. 1556 m. 1622.

Spada (*Leonello*) Boul. n. 1576 m 1622.

Sparvier (*Piérre*) Franç. n. 1660 m. a Flor. 1731.

Spinelli (*Clare Prencesse di Belmonte*) Naples fait én 1783.

Spranger (*Barthelemi*) Anverse n. 1546 m. 1622.

Storer (*Christophe*)   n. . . . m. 1671.

Stefaneschi (*J Bapt.*) hermite Flor. n. 1582 m. 1659.

Suhtermans (*Juste*) Anvers n. 1597 m. à Flor. 1681.

Taruffi (*Emile*) Boul. n. 1634 m. 1696.

Tavarone (*Lazare*) Genes n. 1556 m. 1641.

Terzi (*Christophe*) Boul. n. 1692 m. 1745.

Testa (*Piérre*) de Lucques n. 1611 m. 1650.

Tiarini (*Alexandre*) Boul. n. 1577 m. 1668.

Titi (*Tibére*) Florentin n. 1573 m. 1627 ou 1668.

Tito (*Santi*) Borgo San Sepolcro, en Toscane n. 1558 m. 1603.

Torelli (*Felix*) Verone n. 1667 m. 1745. (*Lucie*) Boulonnois n. 1677 m. 1726.

Trevisani (*Ange*) Venise n. 1659 m. 1746.

de Troy (*Franç.*) Toulouse n. 1645 m. 1730. (*Jean Franç.*) Paris n. 1676 m, 1752.

Vanderbrach (*Nicolas*) Messine.

Van-Platen (*Marthin*) Anvers mort én 1666.

Van-der-Helst (*Barthelemi*) Harlem. n. 1613 m. 1670.

Van-der-Near (*Ange André*) Amsterdam n. 1643 m. 1697.

Van-der Werff (*Adrien*) Rotterdam n. 1659 m. 1727.

Van-Leiden (*Luc*) Leyden n. 1494 m. 1533.

Vanni (*Chav. Franç.*) Sienne n. 1596 m. 1609.

* Vannini (*Octave*) Flor. n. 1585 m. 1643.

Varottari (*Claire*) Verone ne 16. . . .

Vasari (*George*) Arezzo n. 1511 m. 1574.

Vassilachi (*Antoine*) de Milo n. 1556 m. 1629.

Veccelli (*Titien*) Cadore, dans le Frioul; n. 1477 m. 1576.

Velasquez de Silva (*Diegue*) Séville en Espagne, n. 1594 m. 1660.

* Veracini (*Augustin*) n. 1689 m. 1762. (*Benoit*) n. 1710 de Florence, tous le deux.

Vignali (*Jacques*) Prato Vecchio, en Toscane n. 1592 m. 1664.

da Vinci (*Leonard*) né à Vinci, en Toscane én 1445 ou 43 m. 1520 ou 1515 à Fontainebleau,

* de Vita (*Sébast. Joseph*) Spalatro Fait 1781.

Vivien (*Joseph*) Lion n. 1657 m. 1735.

Ulivelli (*Côme*) Flor. n. 1625 m. 1704.

de Voss (*Marthin*) Anvers n. 1534 m. 1604.

Vovet (*Simon*) Paris n. 1582 m. 1641.

* Vout (*Ferdinand*) n. ....

Waldstein (*Marianne*) Marquise de St. Cruz, en miniature: fait en 1803 m. 1808.

Wan-Dyck (*Antoine*) Anvers n. 1499 m. 1641.

Weher-Leim (*Vencesl.*) Turin n. 1740 m. 1780.

Vumpp (*Jean*) Flam. Vivant au XVII siècle.

Wuthy (*Michel*) Vienne; Peint én 1786.

Zanchi (*Antoine*) Vénise n. 1639 m. 1700.

Zoffany (*Chev. Jean.*) Allemand.

Zuccheri (*Frederic*) n. 1543 m. 1609. (*Taddeo*) n. 1529 m. 1556 à Saint Ange in Vado. Prés d'Urbin.

On a admis dernierement dans la collection quelques *Portraits d'Artistes*, qui n'ont pas été faits par la main de celui qu'ils réprésentent. Savoir, *Stefanino della Bella* Florentin, Graveur en taille douce; peint à Paris par *François Cambi* Florentin l'an 1646. *Baccio Bandinelli* dans un age avancé, Florentin. *Annibal Caracci* un portrait en petit.

Tableaux Venitiens.

L'Ecole Venitienne a produit des Peintres excellents, dont plusieurs dans le cours d'une longue vie, semblent en avoir consacré tous les instans à produire un nombre immense de chefs-d-oeuvre de l'art. Ils ont imité la Nature avec une perfection, et une fidelité qui seduit l'imagination. Leur coloris est bien entendu, et enchanteur; on y remarque la plus grande intelligence du clair obscur, une belle imagination, une ordonnance riche, les touches les plus spirituelles, enfin une maniere qui enchante, sur tout dans les belles et savantes compositions du Titién, et de Paul Veronese. Ces grands Artistes ont trop negligé le dessin, qui est essentiel à la peinture. Les Bellins, les Giorgione, et les Titiens sont régardés comme les fondateurs de cette école. Le Deux derniers sur tout, on porté la manière Venitienne à une perfection que l'on à eu peine à egaler.

Paris Bordone. Homme avec barbe, en habit noir garni de pellises: demi figure: et vis-a-vis — portrait d'homme avec barbe rouge — en haut autre figure presqu'entiere, habillée rouge et noir, la main droite sur un mouchoir — autre demi Buste.

J. Bapt. Morone; Figure entiere habillée à l'Espagnole: Franç. des Medicis en fit l'acquisition. Peint en 1563. (V. *Magalotti*). On le dit St. Jgnace, mais il étoit mort en 1556. Des Espagnols assurent etre l'*Alcalde de Salamia*.

André Schiavone: L'adoration de l'Enfant Jesus. Il est excellent coloriste: sa touche est facile, spirituelle, et graciéuse; mais son dessein manque de correction.

Moretto: Venus avec sa suite, et Adonis mort: on voit le museau terrible du Sanglier sortant d'un buisson. Tableau avec de grandes figures, et qui presente bien des beautés. A *Biblos* en Phenicie, où Adonis fut tué, il y avoit un fleuve, descendant du mont Liban, appellé Adonis, qu'une fois l'an pa-

roissoit teint de rouge; c'étoit un signal pour célé-
brer les fêtes *Adoniés* .

Paul Veronese : Une Esquisse du martyre de
Ste. Justine. — Exter au devant d'Assuerus; tableau tres-riche en figures, dans les plus belles attitudes, superieurement bien peintes. — Ste Catherine en petite figure. — La salutation de la Vierge, ou l'annonciation, avec de l'architecture. Son
nom etoit *Paul Caliari*. Ses Tableaux fairont toujours les delices des Amateurs, pour la richesse de
l'ordonnance, la beauté des caractéres, le bon goût
des draperies, la fraicheur du coloris, l'elegance
et l'agrément qui regnent dans ses compositions.
Il excelloit sur tout dans les grandes machines.
Presque toutes les figures principales de ses tableaux sont des portraits, ce qui leur donne un
air vivant, que l'on ne trouve' pas dans les autres
Peintres. La nature s'embellissoit sous son pein-
ceau, et devenoit plus aimable. Il étoit un peu
trop bisarre dans les habillements de ses figures, et
c'est pour quoi, on appelloit ses tableaux » *des belles mascarades* « .

Titien : Nôtre Dame, l'Enfant Jesus debout, et
en bas S. J. Baptiste environné des Seraphins. —
Deux Portraits du Duc, et de la Duchesse d'Urbin. — En haut; Portrait du Sansovino en sa jeunesse, plus que demie figure, ayant un morceua de
sculpture a côté.

Joseph Porta : Né à Florence 1535 m. à Venise
1585. Bersabée au bain. Ce peintre à été l'un des
meilleurs dessinnateurs, de l'Ecole Venitienne. Il
imita le goût de Raphaël, et de Michel Ange, du
quel il avoit pris ces traits marqués, que l'on trouve dans ses figures. Il inventoit heureusement, et
son pinceau etoit frais et gracieux. On l'appella le
Salviatino du nom de son maître.

Dominique Robusti fils de *Jacques :* St. Augustin dans les Nuées. On peut voir qu'il à travaillé d'aprés la maniére de son Pére, mais qu'il lui à été bien inferieur. Il a mieux reussi dans les Portraits, ainsi que sa Soeur, la *Tintoretta* qui mourut fort jeune.

Jaques Ponte dit le *Bassan:* Moise couvert en partie d'un drap rouge, prés du Buisson ardent, du quel sort un rayon de lumiere. Il a travaillé beaucoup. Il a peu traité des grandes sujets; il aimoit mieux répresenter des choses communes, où il excelloit, telles que les foires, les assémblées de village, des boutiques d'Artisans etc. Les details de ses compositions sont henreux, et rendus avec esprit. Son stile est vrai, ses couleurs sont bonnes. *Jaques* excelloit aussi dans les paisages; il y en a en outre de Lui — deux petits oblongs. *François* son fils le surpasse, ainsi que ses freres. — La Famille de Jaques *Bassan*, fait exprés pour être placé dans la *Tribune*. Savoir quattre femmes, trois hommes, et deux enfans occupès à chanter et à jouer des instruments. *Jaques* a fait peu de tableaux de la grandeur et du merite de celuy, qu'on peut remarquer iyi, où il s'est peint avec toute la famille, et le Titien son maître, avec sa Femme. Ce Tableau n'est pas remarquable par l'imagination, mais par le coloris et par la verité: On dit qu'*Annibal Carrache* avança la main pour prendre un livre, que le *Bassan* avoit peint sur un Tableau: c'est l'histoire de l'oiseau et de la gaze, entre *Apelle* et *Zeusis*.

Piazza, dit le Capucin; Le Christ mort, étendu sur son linceul: on y voit la Vierge, St. Jean à genoux, et la Madalaine.

Jaques Robusti, surnommé le Tintoret: Jesus Christ monté sur une Anesse, ou le Dimanche des Ramaeaux; que les connoisseurs estiment être de lui, ou de son école. Il a fait une multitude de tableaux. Son imagination vive à l'excés, se rend remarquable par le mouvement prodigieux qu'il y a dans ses tableaux, qui n'ont pas toujours la beauté du coloris de l'Ecole Venitienne; mais l'on y voit une grande intelligence du clair obscur.

Carletto Caliari: Un miracle de St. Fredien Eveque de Luques; gran tableau. On peut observer d'aprés ce dernier essai, ce que nous avons perdu, lorsque la mort nous l'à enlevé à l'age de 26 ans. Il étoit fils du célébre *Paul*, dont nous venons de parler.

Jean Baptiste Zelotti: Ste. Marguerite avec le Dragon sur la Porte.

Portraits en demi bustes. De *Campagnola*. — De *Tinelli*. — Du *Veronese*. Plus qu'à micorps: — De *Paris Bordone*. — Du *Muziano*. — Du *Pordenone*, homme avec la barbe, vêtu en noir et rouge, un livre à la main droite.

Palma Vieux: Une Sainte Famille avec St. François ec. (L'Etiquet le dit de *Polidore*). On trouvera de ce maître d'autres Tableaux dans la salle des peintres *Italiens*, et c'est alors que nous parlerons de lui.

André *Vicentino* né à Venise 1539 m. 1614, écolier de *Palma* le Jeune. Le Banquet de Salomon avec seize figures, grandes comme nature.

Cima: Une Sainte Famille avec l'Enfant Jesus, on y voit derriere un autre Enfant en Maillot.

Jean Bellino: Eleve de son pere; Un Jesus mort; peint en clair obscur; la secheresse du Style Gothique prouve évidemment, que les progres des arts, son été bien plus rapides en Toscane; ce Peintre mourut fort agé à Venise. On le regarde, ainsi que son frere Gentil, comme les pères de l'Ecole Venitienne. Il ne connoissoit pas trop l'art de distribuer ses figures. Il fut le Maître de Giorgione, et du Titien.

Autre Salle de Venitiens.

Carletto Caliari fils de Paul Veronese: Adam et Eve labourant la terre hors du Paradis. — L'Ange les chasse du paradis: (à côté gauche) Eve presentant le pomme à Adam. — La creation d'Eve.

Jaque Palma le vieux. La Vierge, et l'Enfant Jesus, et la Madalaine etc.

Bonifazio: Tableau orné de colonnes; le souper du Seigneur avec les Apôtres.

Giorgion: Moise à l'epreuve des charbons ardens. — Le jugement de Salomon. — Né à Castel Franco il porta tout d'un coup la peinture à sa perfection. Il entendoit admirablement la magie du clair obscur, et l'art de mettre le plus bel arrangement dans ses tableaux. Son goût de dessin est vrai et gracieux: son coloris excellent. Cet artiste etonnant, dans une tres courte vie, a merité d'être mis au premier rang parmi les peintres, dont très peu ont saisi cette force d'expression, et cette noble fierté, qui caracterisent ses tableaux. — Une vision d'une Sainte avec des enfants qui s'amusent: (quel'on croit être de *Jean Bellino.*) Vis-a-vis. — Portrait d'un Chevalier de Malthe avec un chapelet à la main; bien precieux, et de grande prix; peint par *Giorgione;* sur bois.

Paris Bordone: Portrait en habit noir, avec barbe rouge. — Jeune homme en habit, et bonnet noir, garni d'un plumet blanc. Sur bois.

Titien: La Vierge en habit rouge, l'Enfant Jesus entre ses bras, et Ste. Catharine, qui lui présente une grenade. — Une Femme en chemise avec des fleurs dans sa main droite.

Pordenone: Judit avec l'epée, tenant la tète d'Holopherne à la droite: en tres-bon état.

Morone: Homme assis avec la barbe; et le deux mains, non achevées.

Bassan : La Femme adultere. — Le Christ dans la maison de Marthe ; en petites figures. — Par *Jacques,* et *François Ponte :* Jesus Christ mort auprès des trois Maries; eclairé par un flambeau.

Alex. Bonvicino, dit le *Moretto;* ne à Rovate 1514, disciple de Titien: Homme qui pince de la guitarre: il a imité Raphaël.

Paul Veronnois : Tête de St. Paul en habit rouge, et barbe blanche. — Jesus Christ crucifié sur le Calvaire : tableau avec beaucoup des figures.

Paul Pino : Portrait d'homme, plus que demi-figure.

Louis Leon, dit le *Padovanino :* Lucrece avec un poignard à la main en chemise. Il a excellé pour les Portraits dans le goût du Giorgine, et du Titien, sur les quels il s'étoit formé. Sa manière est noble, son coloris est très-beau. Il a eu un fils, *Alexandre Varotari,* qui travailla dans son goüt de maniere, qu'on le confond avec lui: Mort à Rome 1650. L'un, et l'autre ont gravé des médailles, qui sont fort recherchées.

Tintoret : Portrait du Sansovino dans son age avancé : (On à le même dans sa jeunesse, par le Titien, dans la premiere Salle) — Le Sacrifice d'Abraham; figure entiere.

Schiavone : Portrait d'homme plus qu'à mi-corp.

Du Savoldo; n. à Bresse en 1484 m. 1540. La Transfiguration du Sauveur au milieu des Prophetes sur le Thabor.

Titien : Ste. Catharine richement habillée ; la tête couverte d'un bonnet à l'orientale : plusieurs l'attribuent à Paul Veronese.

Frere *Sébastien dal Piombo :* Guerrier, avec le laurier à côte. Ce peintre, né en 1485 m. en 1547 avoit etudié si heureusement la manière de Giorgione, qu'il disputa quelque temps à Raphaël même le sceptre de la peinture, quoiqu'il n'eut ni

128

le goût, ni le genie de son illustre rival. Il a fait des Portraits, qui passent pour Giorgione. Ses tableaux sont rares.

Palma le jeune: Tableau rond avec le portrait d'un Geométre richement habillé; en ardoise: (sur la porte).

Bassan: Portrait d'homme vieux, vêtu à l'espagnole, avec les deux mains. — Deux chiens de chasse, tres-beaux.

Titien: L'ésquisse d'une bataille, sujet tres-riche en figures, d'une peinture qui est périe a Venise, dans le palais Ducal.

Tintoret: Portrait d'homme avec une pellisse blanche. — Les noces de Canaan en Galilée avec beaucoup de monde, et d'accessoires. — On la voit en grand a fresche dans l'eglise de la *Madonna della Salute* à Venise.

Laurent Lotto: Une Sainte Famille avec St. Anne et Joachim, mort en 1544.

Le Poete *Strozze* de Mantoue, demi-figure avec une guirlande de laurier; cru fait par le *Tinelli*.

Du Pordenone; St. Paul tombant du cheval, et son armée en desordre: tableau tres-riche en figures.

Je. Bapt. Maganza le vieux, de Vicence: Homme à tête chauve, et barbe noire, habillé à l'espagnole, tenant un enfant de la main gauche: plus que demi-figure.

Titien: La Vierge avec l'Enfant Jesus sur ses genoux; et à côté, St. Antoine hermite vu de profil, beaucoup retouché.

Morone: Homme assise avec la barbe, il tient un livre de la main gauche.

Cammées, Pierres gravées, Vases etc.

Ce cabinet s'élève en forme de Tribune; decorée

de quatre colonnes d'albâtre oriental de 7 pieds, et 8 pouces, et quatre de vert'antique de 7 pieds. Dans six Armoires l'on trouve huit colonnes d'agathe de Sienne, et 8 de cristal de roche, embellies de topases, grenades, tourquoise, etc. VIII Statues des Apôtres travaillées par *Horace Mohi* Flor. et presque 400 Vases en onix, sardoine, agathe, lazulite ou lapis, et jaspe: Deux Vases en Lapislazzuli de la couleur la plus fonsée, de 14 pouces environ de diamétre, et un en Cristal de roche, du même diametre. Il y a une petite tasse de grenat; une en pierre des Amazones, une d'agate dendritique ou erborisée, ect. Il y en a aussi des modernes travaillées à Florence, sous les Medicis; plusieurs sont en emailles garnis en or, et aussi curieux pour un naturaliste que pour un homme de goût; on sait que Cellini prenoit part à ces travaux.

Une Table en pierres fines; ou est réprésenté le prospect de Livourne, tel qui il étoit il y a plus de deux siecles.

En cristal de roche: on peut remarquer une petite caisse, sur la quelle est la Paisson de J. Christ admirablement bien gravée en creux, par *Valère Vicentin*. — Plusieurs têtes d'Empereurs en calcédoine, et des bustes de particuliers, que l'on gardoit dans les maisons pour conserver la memoire des trepassés. — Une tête de Neron en cristal de roche, dernier des Cesars de la race d'Auguste, qui a une couronne rayonnante (*radiata*) en or, ornement des immortels, qu'on avoit attribué aux Empereurs deifiés, et dont Neron fit usage de son vivant, comme ses médailles nous l'attestent. — Galba, en albâtre. — Matidia en aigue marine, qui est unique. — Tibère en bleu de turquoise, qui excede trois pouces d'hauteur, et qui est aussi respectable par sa grandeur, que par son travail.

Mars en saphir; Alexandre en chrysolite; Cice-

ceron en topase; une Furie en hyacinte, tres-rare;
Hercule en amathiste; Minerve en sardoine. Huit
camées avec la tête de Meduse, d'un excellent travail. Tête et Cou en pâte bleu, haute sous 4 2
Florentins. Le buste est en *Albatre Cotognino*,
avec un drap et nne peau en argent doré; il repose sur une base d'ébénier.

Gravure à deux faces : Cornaline dans laquelle
on voit d'un côte les têtes de Caius, et Lucius Cesar,
de l'autre Faustulus et la Louve allaitant les ju-
meanx sous le figuier. Buste d'Apollon en creux
d'un côte de la cornaline, et de l'autre, Mars en
relief, avec un trophée dans la main droite, et
une pique dans la gauche. Autre double gravure
en onix à trois couleurs. Le chariot du Soleil au
milieu des signes du Zodiaque est d'un côte, et de
l'autre le chariot de la Lune, entouré d'un serpent. Paris assis jouant de la lyre; gravé sur une
sardoine, comme le precedent.

On a une suite presque complette des Empereurs, de leurs Femmes, et de tous les Individus
de leurs familles, qui ont porté le titre d'Augu-
stes, (*on les arrangera en different ordre*).

Le G. Duc Leopold avoit fait mouler en soufre
les pierres gravées etc. Ferdinando en fit faire
les moules en verre, pour en tirer des suites en
soufre, ou en *scaliola*, pour les amateurs. C'est le
moyen d'augmenter la celebrité de cette collection;
car on peut voir parfaitement la finesse du travail, et juger du prix de ces antiques. *Gori*, et
Passeri qui ont donné trois volumes in folio (The-
saurus Gemm. antiq. Aeneis tabul. 200 Flor. 1730)
sur les pierres gravées, ont fait voir combien on
en pouvoit tirer de lumières pour la mythologie,
l'antiquaire, et l'histoire de l'art; car on en voit
de tous les siecles, et de tous les pays.

On y compte plus de 4000 pierres gravées en

creux, ou anaglyphies, parmi les quelles on en trouve presque une centaine dont les travail est fort
estimé.

On doit observer le Marc-Aurèle, et Faustine
sur une agathe orientale. Marciana, soeur de Trajan,
dont les médailles sont fort rares, gravée sur une
belle sardoine. On pourra voir plusieurs figures Egyptiennes et Greques, gravées sur des jaspes, et
autres pierres precieuses.

Parmi les gravures modernes, une copie du célèbre Cachet dit de Michel-Ange, jadis passé en France, et qui a exercé la plume de plusieurs savans
antiquaires. Elle réprésente plusieurs figures sous
une tente champêtre, et au bas, un enfant, qui
pêche à la ligne. C'est une pâte couleur de sardoine. Elle fut gravée par le *Hay*, et decrite par
M. M. *Baudelot*, et *Moreau de Mautur*. On connoit assez la plupart de ces Bustes, Camées et
Pierres gravées, qu'on peut voir dans le *Museum
Florentinum*.

La collection des Césars est ici plus nombreuse
que dans aucun autre pays; elle est même dans
certains points, plus complette que celle en marbre des *Corridors:* pour arranger celle ci, l'Abbé
Lanzi s'est servi de celle des pierres gravées.

En considerant cette suite, on voit renaître l'art
dans le XV Siecle: on remarque surtout les portraits de Laurent le magnifique, et du Père Sa-
vonarole en cornaline (pièce tres-belle), sujet célèbre dans l'histoire d'Alexandre VI, et dans celle
de Florence: On en attribue le travail à *Giovanni delle Corniole*. On voit l'art se perfectionner
dans les siecles suivans, par plusieurs portraits
des Papes, et des Princes; un des plus beaux est
celui, où *Rossi* a réprésenté la famille de Côme I:
il y a aussi plusieurs camées modernes, que l'on
a pris pour antiques: *Curzio* excelloit à les con-

trefaire ; il fit une Agrippine, que le Cardinal *Ludovisi* acheta très-cher; les plus habiles antiquaires de Rome y furent trompés. Une Femme, en pierre couleur de chair, couchée sur un lit en fond blanc; on estime beaucoup cette pierre, par les trois couches qui la composent. — Portrait de *Côme* pere de la patrie, camée tres-beau pour ce temps. — Le Triomphe du G. D. *Côme I* après la conquète de Sienne, camée en calcedoine, remarquable pour la beauté du travail; *Dominique Romain* y grava son nom. Toutes les pierres avec le nom de ceux qui les travaillerent, sont en grande reputation, et d'un grand prix: Il faut avouer cependant, qu'il n'y a rien de plus aisé que de faire ajouter un nom quelconque sur une pierre, soit moderne, ou antique.

Misson admire sur tout les camées de la famille d'Auguste, ou des temps voisins de son regne; Tel est ce Vespasien, que l'on a appelé le roi des camées; et celui qu'on a donné pour un Julianus Augustus, qui accompagné de sa femme, fait une libation; remarquable par les accidens des coleurs, de même que le Ganimède, le Curtius, et le Lion en sardoine: L'Amour monté sur le dos d'un lion, joue tranquillement de sa lyre, tandis que le lion marche à petit pas, avec l'inscription du grecque artiste *Plotarque*. — Hercule agé debont; le fond blanc, et le relief obscur. — Camée en *niccolo*, c'est à dire, gris sur du noir, sans saillie, où l'on a rapporté un Apollon en or, et que *Mariette* regarde comme une des choses le plus rares de l'antiquité. Le grand camée, que l'on croit réprésenter Teano femme d'Antenor, gardant le Palladium de Troye, (et que l'Abbé *Lanzi* croit être une Vesta, faite pour la famille d'Auguste); on regarde ce camée comme valant lui seul un cabinet tout entier. — Mercure, camée restauré tresheureusement, par *Benvenuto Cellini* Flor. ainsi qu'une figure virile sur un char à deux roues, retabli en or. — Autre Camée beaucoup plus grand, de Tibère, et sa femme, dont on fait beaucoup de cas, à cause de sa rareté. — Tête nue d'Auguste etc.

Tableaux Français.

Tous les plafonds son peint par Poccetti, et par ses élèves.

Six belles colonnes en soutiennent la voute.

Venus assise, dans l'attitude de se tirer du pied une épine de rose. Le travail est dans le goût grec; la tête est modèrne; la draperie lui couvre à peine la moitié du corps: Elle a la main gauche appuyée, et paroit souffrir, plus de delicatesse, que de douleur réelle. Venus passant au travers d'un buisson des roses, pour avertir Adonis de la resolution qu'avoit pris Mars contre lui, oublia la chaussure, et fut blessée par une epine au talon. On la voit répresentée dans la même attitude dans plusieurs pierres gravées, et sur une médaille d'Aphrodisie, ville de la Carie. Il est possibile que cette belle Statue ait été groupée avec un Satire, tel que celui qu'on voit dans la salle de l'Hermaphrodite, et comme il a existé à Rome (V. Mus. *Pio Clem.* Pl. 51.)

Jeune homme nu; sujet qu'on trouve repeté un grand nombre de fois, en bronze, et en pierres gravées; il est blessé au pied, qu'il regarde avec la plus scrupuleuse attention. On croit que c'est un delateur, qui revéle au Senat une conspiration, ou la marche des *Galli;* d'autres disent un vainqueur des jeux olimpiques. La tête, tres-belle, est moderne.

L'Ecole Francaise, dit *Richard*, qui s'est formée sur celles des Italiens, a produit des artistes, qui les ont imités dans leurs differentes manières.

Le Poussin, sur tout, a travaillé si bien dans le bon goût de l'Ecole Romaine, que les Italiens même, se plaisent à placér ses tableaux parmi ceux de leurs meillèurs maîtres. De tous les peintres Français, c'est le plus connu à Rome (où il s'est formé). Voici ce que l'on possède de cette Ecole, qui n'est pas suffisant, à la verité, pour juger de son merite.

Niccolas Largillière, né à Paris 1656 mort 1746. Le poète J. B. Rousseau en habit pittoresque.

Charle Lebrun : Elève de Vouet, et de Poussin. Le Sacrifice d'Jphygenie ou de Jefte.

Du Valenten : n. 1600 m. 1632. Un Joueur de guitarre; — et vis a-vis : Autre tableau avec deux demi-figures de grandeur naturelle.

Philippe Champagne, dit le Guide des ultramontain : Le Sauveur appellant St. Pierre, qu'on voit à genoux. — Un portrait d'homme habillé à l'espagnole : demi-buste, grand comme nature, près la porte d'entrée.

Jeseph Vernet d'Avignon. Cascade d'eau, en bas des pécheurs, et une femme. — Un bâtiment sur le point de se briser contre les rochers : sur le devant des pêcheurs tirent à terre leur bateau.

Bourdon : Le repos de la Ste. Famille en Egypte.

De Dufrenoy : La morte de Socrate, m. 1663.

Gaspar Dughet : Deux figures dans un paysage ombrageux, dont l'une péche à la ligne : son maître, et beau-frére, le célébre Nicolas Poussin lui donna le surnom, n. 1600 m. 1663.

Niccolas Poussin; n. 1594 m. 1665. Venus, et Adonis; des amours, des chiens etc. — Thesée à Trezene, soulevant avec effort l'enorme pierre, sous la quelle Egée son père avoit caché l'epée, qu'il devoit lui apporter à Athènes pour se faire reconnoitre comme son fils, par ce trait de force: sur toile, orné d'architecture.

Tierce: Une chute d'eau.

Mignard; n. 1610 m. 1695. La Comtesse de Grignan, en petit. — Et sa fille la Marquise de Sevigné, demi-buste, grand comme nature.

La Fosse; n. 1640 à Paris, éléve de le Brun m. 1716. La mort de Lucrece.

Gagnerau: Un Choc de chevaliers. — La chasse au Lion, m. a Flor. 17....

Jacques Courtois, dit *Borgognone*, eléve de Guido, et d'Albano. Deux grandes Batailles tres-belles; la couleur est d'une grande force, la touche, et la facilité sont admirables; il sont un peu noircis: celui où l'on croit voir la montagne de *Radicofani*, est le mieux conservé. — Près des fenêstres deux petits, representant des attaques de chevaliers.

Nantevil: Portrait de Louis XIV. — De Turenne. — *Pilment*, de Lion, on eléve n. 1710 m. à Paris 1786. Deux Marines en pastel sous verre.

Le Nain, mort 1648. L'Adoration des Bergers.

Jaqües Stella, de Lion, m. à Paris 1657. Jesus dans une belle Campagne, servi par plusieurs anges.

Grimoux: Une Pellerine. — Son pendant, un Pellerin à demi-corps.

Jos. Parrocel de Brignole en Provence, né 1648 mort à Paris 1704. Des attaques de quelques chevaliers.

Nicc. Perelle: St. J. Baptiste assis près du Jourdain; J. Christ qui se sépare de lui.

Je. Bapt. Mola; écolier d'Albano: Des Amours, et des Nimphes sacrifiant à Flore; le feu allumé devant le Simulacre.

Boucher; n. 1704 m. 1770. L'Enfant Jesus; St. Jean à genoux; et plusieurs Seraphins.

Boquet: de Chantilly, un grand Païsage.

136

Vovet : de Paris. L'Annonciation de la Vierge, n. 1582 m. 1641.

Laurentz de la Hire ; n. 1606 à Paris m. 1656. Un petit Païsage. — La Vierge avec son Fils endormi. — Le peuple de Jerusalem rangeant les malades sur le passage de St. Pierre, à fin que son ombre leur donne la santé.

Vanloo : La Vierge avec son Enfant qui dort.

Loir : La Vierge, demi figure, avec Jesus, et St. Jean Baptiste à sa gauche.

Juvenet : a ne a Roven 1644 m. a Paris 1717. Ste. Anne qui apprend à lire à la Ste. Vierge.

Tableaux Flamands.

La manière de l'Ecole Flamande est très-marquante. A l'exception de Rubens et Vandick, que l'on peut mettre au rang de ces hommes rares, que le genie, la science, et leur manière admirable, ont placés au premier rang des grands peintres, tous les autres sont plus recommendables, par le fini precieux de leurs ouvrages, et l'éclat du coloris, que par la correction du dessin, la beauté de l'ordonnance, et la sublimité de l'expression, qui sont les parties essentielles et constitutives des grands peintres : cependant, on trouve dans cette collection quelques grands morceaux, où les maîtres de cette Ecole, se sont elevées au dessus de leur manière connue, et sont recommendables par le travail achevé de leurs tableaux, par l'imitation, souvent trop fidele de la Nature, la delicatesse de l'execution, et la patience du fini, qu'on ne trouve que dans leurs ouvrages.

Une table de *scagliola*, autre espece d'ouvrage fort usité à Florence : *Jageman* en parle.

Père Horemann : Un Maître d'école. — La Cuisine d'une famille pauvre.

Franç. Franc. Une Danse par des Amours. —
Un triomphe de Neptune. — La fuite de la Vierge en Egypte.

D'Albert Durer: Un Vieillard avec un chapelet de corail dans la main: c'est le père du peintre. — La Vierge avèc son Fils sur le bras droit:
demi-figure.

Martin Richard d'Anverse: Les *Cascatelle* de
Tivoli, avec des troupeaux, qui s'abbreuvent.

Jean Lingelbach: Une Femme à cheval, et des
chasseurs, qui se reposent près d'un cabaret. —
Mignon: Des raisins, etc. da Francfort n. 1640.
m. 1649.

Juste Subtermans: Ste. Marguerite avec un dragon à ses pieds.

Paul Brill: Une Marine avec des navires. —
Des chasses, et autres, tableaux du même. — St.
Paul, et le corbeau, — et plusieurs en petit.

Jean Holbein: Tête d'un vieillard en veste, et
bonnet noir; cru *Thomas Morus;* Il pourroit bien
étre Zuvingle. — Autre jeune, demi-figure. —
Catherine Boré religieuse, dans un monastere de
Nimptschen en Saxe, femme de Luther. — *Mar-
tin Luther* en habit, et bonnet noir. — Vis-à-vis,
Richard Southwel, conseiller d'Etat de Henri VIII
Roi d'Angleterre, demi-figure.

Jolande Savery de Courtray: Un Païsage mon-
tueux, couvert de chevres, et d'oiseaux. D'un
côté la mer, ou l'on voit des pecheurs, qu sechent
leurs filets; sur bois.

De *Rubens:* Un Baccanal etc. En petites figures, et une femme couchée par terre: C'est la
copie d'un tres-beau tableau du Titien, et d'un
grand merite. — Autre Baccanal avec Silene
ivre. — Les Graces sont bien dessinées (quoique
d'une nature un peu flemmande). La Venus est
belle. — Autre Venus au miroir. — Le trois Gra-

138

ces, traitées avec un grand goût. Le même sujet,
avec deux petits Amours, qui en couronnent une;
en grisaille à l'huile. Venus, et Adonis; l'Amour
retient Adonis par la cuisse; les Graces decou-
vrent Venus: l'Envie tire Adonis par son véte-
ment; despetits Amours jouent avec ses chiens,
ou les tiennent en lesse; tableau tres-beau: Rubens et Vandick sont regardés en Italie comme les
deux plus grands Artistes de cette Ecole. Van-
dick, pour les portraits, dispute le premier rang
à tous ceux qui ont travaillé dans le même genre. Rubens dans les tableaux d'histoire, et les al-
legories, ne cede à nul autre. Il a deplus un coloris si vif, si vrai, si éclatant, et ses tableaux
se conservent avec tant de fraicheur, que son merite semble croître avec les années.

Peter-Neefs: La prison de Seneque, — et plusieurs Eglises. — Il a représenté des Eglises vuë
de nuit avec tant d'intelligence de lumière, que
le fond, quoique dans l'obscurité, est traité avec
une verité, qui etonne le connoisseur. Les figures
sont de *François Franck.* Anvers, n. 1570 m.
1651.

Martin Schoen: La Vierge assise tient sur ses genoux
l'Enfant Jesus; deux Anges en l'air, et deux Femmes.

Van Kessel: Des poissons. Ce peintre s'est fait
de la reputation dans ce genre, comme dans les
insectes, conquille etc. Anvers, n. 1626.

Jacq. Jordaens; élève de Van-Oort, et de Rubens:
Neptune frappant la terre, d'où sort un cheval:
d'un côté on voit Galatée dans un char, embrassant un petit Amour. Anvers, n. 1594 m. 1678.

Jean Liis de Oldembourg, ou de Breda, écolier
de C. Poulembourg: L'Enfant prodigue avec beaucoup de figures.

Albert Durer: La Creche etc. en petites figures. — Le Calvaire en grisaille, copié en couleur

par *Breughel*. — Jesus Christ arreté dans le jardin, et Judas dans l'attitude de le baiser, avec St. Pierre coupant l'oreille à Malqus.

J. Van Tielen: La Vierge et l'Enfant; les fleurs sont de *Quellin*.

Deux petits portraits à l'huile: un homme par *Van-Dick*, et une femme par *Pourbus*. — 20 petits portraits reunis en deux tableaux, de plusieurs maîtres.

Charle Breïdel: Deux petits païsages.

Van-Dick: La Vierge avec un'epée; en grisaille à l'huile etc.

David Riskaert: Deux tableaux: la tentation de St. Antoine hermite, dans le desert.

D'Agricola: Une Nuit. — Un Arc-en-ciel. — La Pluie. — L'Aurore: en quatre tableaux.

Des Fleuristes: on pourra observer les tableaux de *Varendael*, de *Daniel Seghers*, et de *J. Van-Tielen* de Malines.

Van-Eik, dit *Jean de Bruges:* La Ste. Vierge assise sur un trône, la téte voilée d'un manteau rouge, l'Enfant nu dans ses bras, et deux Anges, dont l'un a un violon, et l'autre joue de la harpe. Dans l'enfoncement, un païsage avec des figures tres-petites, sur bois: il contribua beaucoup aux progrès de la peinture, pour avoir renouvelé l'usage, deja oublié, de broyer les couleurs à l'huile; c'est dommage qu'il soit placé près du plafond.

Claude Gelée dit le Lorrain, que des amateurs ont appelé le Raphaël des païsagistes; né en 1600 m. à Rome 1682 élève de Tassi: Un Païsage avec des arbres un peu noirci en une belle Campagne (on dit êtré de *Jean Both*). — Une Marine, et la vüe de la Ville Medicis; on apperçoit dans l'air l'effeet de la rosée au Soleil levant. Les figures sont de Philippe Lauri romain. *Claude* est celui qui a excellé au dessus de tous les peintres, dans l'imitation de la transparence de l'air, et le feu brillant du Soleil. Personne n'a mieux entendu que lui la perspective aerienne, et n'a mieux rendu les beautés des vües pittoresques, qu'il à toujours peints d'après la nature la plus piquante. Il peignoit mal les figures, et avoit recours pour cela au Bourguignon son elève, et à Lauri.

Luca Kranack; Luther. — Sa Femme. — Deux Ducs de Saxe, en un petit tableau. — Autre avec Luther, et Melancton. — St. George, et le dragon; sur bois. *Kranack, et Holbein* sont rares par tout excepté en Angleterre.

De Callot: Un Païsan, dit *Pino da Montui.*

Albert Dur: Deux Apôtres en detrempe, St. Philippe — St. Jacques.

Balthassar Denner: Une tête d'homme, morceau tres-rare, sous verre; c'est le chef d'-oeuvre à l'huile de ce maître. A Manheim on en trouve une repetition avec une vieille femme pour pendant, repetée de même dans la Galerie de Vienne, où l'on dit, que pendant long temps, on ne pouvoit voir ce tableau, à moins que l'Empereur n'accorda la clef de la petite armoire qui le renfermoit.

Henri Van-Balen, les Epousailles de la Ste. Vierge; plusieurs figures dans le temple.

St. Pierre en petit, versant des larmes, plus que demi-figure; sur bois: c'est une copie faite par *Teniers* d'après un plus grand tableau de l'*Espagnoletto,* qui existe à Vienne. — Un Chimiste; (les connoisseurs le donnent à *Vanhelmont*) — deux vieux qui se caressant.

Venus qui cache l'Amour: dit de *Rubens,* mais qu'on croit de *Franç. Franck.*

Joach. Sandrart: Apollon qui se rejouit de ce qu'il a tué le serpent Phython; plusieurs des figures applaudissent à son exploit.

Everdiny des chutes d'Eau.

Elzheimer: Un Berger sous un arbre. — Dix autres petits tableaux avec des Saints: n. en 1574 à Francfort, m. 1620 en Italie.

Hollandois.

Une Table en pierres fines, travaillé en Almagne. — Un Amour endormi, petite Statue grecque d'un goût très-exquis: un papillon dort à côte de lui. On peut voir à ce sujet une brochure publiée par *Fabbroni*, sur le papillon simbolique d'Egypte, chez *Pagani* à Florence 1783.

Jean Breughel, dit des velours; n. à Bruxelles 1580 m. 1642 elève de Goekindt; le plus célèbre de sa famille. Les quattre Elemens en deux tableaux: (ils ressemblent beaucoup à ceux de la biblioteque de Milan); entre le deux fenêtres. Un grand tableau en petites figures de *Breughel* le vieux, qui représente le Calvaire: n. à Brede 1510 m. 1579 élève de Koeck.

Gabriel Metzu de Leyden; n. 1615 m. 1658. Un Chasseur, se présentant à une Dame, qui est debout à sa toilette: imitateur de Terburg, et de Dow.

Schalcken: Une Fille, qui pare le Vent à la chandelle avec la main droite. Autre Femme, qui sonne de la trompette. — Une Vierge, et Jesus mort. — St. Sebastien au Sepulcre.

Pierre Vander-Verff, fils du célèbre Adrien: Des enfans, qui tirent un oiseau d'une cage, un chat etc. tableau bien curieux, et beau.

Adrien Vander-Verff: Le Jugement de Salomon. — Esther devant Assuerus; les draperies sont traitées dans le goût le plus riche, et avec beaucoup de verité. — Une Creche; la Sainte Vierge soutenant Jesus, St. Joseph debout, quatre bergers peu loin, deux anges en haut; sur bois: d'une belle execution , d'un beau dessein ; figures d'environ un pied de hauteur , d'un coloris excellent ; trop fini, comme le sont tous ses tableaux : c'est un des ses meilleurs morceaux, pour la beauté de l'expression, des mieux peints , et dessinés, et si fini, que cela en rend la touche un peu froide.

Gérard Dow : Une Femme assise, en habit rouge , la tête entourée d'un mouchoir, dans l'attitude de coudre devant une chandelle, (l'etiquette l'attribue à *Schalcken*). Vis-à-vis — une vendeuse de Beugnets, dont d'*Angerville* fait les plus grands éloges, et — Un Maître d'Ecole montrant à lire à une petite fille, à la lueur d'une chandelle, et une lanterne. Leiden n. 1623 m. 1680.

Franç. Mieris : Deux portraits de lui même, un pinçant la guittarre. — Une Femme qui dort.— Un vieill amoureux.—Un Medecin. — Le Charlatan etc. — Homme qui regarde une bouteille de bierre , habillé en jaune, et après lui un femme. — Un Païsan qui coupe du pain à sa femme, qui boit de la bierre. — Une femme qui accorde un Luth (des connoisseurs disent, qu'il faut donner ces trois tableaux à *Gerard Dow*). Plusieurs des ouvrages de *Van-Thol* son élève vont sous son nom .

N. 8 tableaux de *Poëlembourg*, que Rubens employa pour orner sa maison. — Moyse sur le Nil. Moyse dans le desert. — Une Danse de Satires. — Une de Païsans, etc. Utrecht. n. 1585 m. 1660.

Berkheyden : Vue de la Cathédrale d'Harlem ; en petit. Harlem, n. 1628. m. 1698.

Un Païsage de *Ruysdhal* d'Amsterdam m. 1681.

Pierre Breughel le jeune , n. à Bruxelles en 1560, m. 1625, qu'on à appellé Breughel d'Enfer, à cause de semblables sujets : Orphée qui delivre Euridice. — L'Enfer plus en grand , avec plusieurs figures : d'un côté Virgile, et le Dante .

Gaspard Netscher: Une jeune Femme assise, montant une montre à la lueur d'une chandelle. — La famille de *Netscher* peinte par ce maître. — Une Sacrifice à Venus. — Un joueur de violon et quatre chanteurs. Prague, n. 1636 m. 1684.

Guillaume Mieris le jeune: La Madalaine, dont la draperie ressemble beaucoup à Titien.

Robert Teurniers de Caen: Un Sculpteur dans son cabinet, une chandelle à la main, regardant le buste d'une femme.

François Douwen: Ste. Anne et Ste. Louise, avec le portrait de l'Electeur Palatin, et la Princesse Marie Louise des Medicis sa femme, etc. invention d'Adrien Wander-Werff.

Par *Pierre Vouwerman:* Des Chasseurs à cheval, se reposant près d'un cabaret.

Jean Veenix; Plusieurs insectes, animaux, arbres, et fleurs, autour d'un rocher, travaillés avec beaucoup de gôut.

Andrée Both: Femme assise avec un enfant dans ses bras; deux garçons folatrant avec unchat: sur bois.

Brauwer (qu'on croit de *Fr. Molinaer.*) Des Buveurs etc. fumant du tabac. N. 1608 m. 1640.

Hondius. Le depart pour la chasse, avec beaucoup de chiens, cheveaux, etc.

Dirk Vanden Berghen: Un Païsage ombrageux avec deux vaches et un cheval. — Autre avec des troupeaux gardés par une femme qui allaite son enfant. — Un berger et une bergère assis, gardant leur troupeaux. — Des fabriques avec des petites figures. Harlem, n. 1640 Ecol. de Velde.

Par *J. Vanden Heyden:* Vue de la Place, et de la Maison de Ville d'Amsterdam; les figures sont d'*Adrien Vanderweld.* M. 1712.

Gerard Berckeyden: L'Eglise de Ste. Marie de

144

Cologne, avec quelques figures: des troupeaux qui vont s'abbreuver à une fontaine. M. 1698.

Par *Everard Van Aelst:* Deux Pinçons, et un Chardonneret morts, sur une table.

Par *Adam Pynacher:* Vuë d'une tour dans un païsage près d'une riviére, avec deux bergèrs assis. N. pres Delf 1627 m. 1637.

Eglon Vander-Neer: Deux Païsages en petit: vis-a-vis, près le deux portes; maître recherché en Italie. — Ester devant Assuerus; les draperies sont traitées dans le goût le plus riche, et avec beaucoup de verité, n. Amsterdam 1643 m. 1703.

Plusieurs tableaux de fleurs, dont un de *Galys* — de fleurs et fruits — on peut en remarquer un de Marie Vanoosterwyck; —deux de *Rachele Ruisch*, — et deux de *David Heem*.

Deux Païsages de *Boudewyns* et *Baut*, de Bruxelles; — De *Moliny;* — De *Moucheron* etc.

Corneille Polembourg: L'Adoration des Pasteurs à la Creche; plusieurs femmes dont l'une amène un petit enfant: Vuë d'une Ville dans l'enfoncement; des Anges très-bien groupés en haut; sur bois. On ne peut louer suffisamment ce petit tableau, que les connoisseurs ne se lassent d'admirer. N. Utrecht 1585 m. 1660, Eleve de Bloemart.

Par *Jean Steen;* Des Païsans à table sous un treillage; l'un jouant du violon. N. 1633 m. 1689.

Gérard Terburgh: Une femme qui boit, et un jeune homme qui dort. N. Zwol 1603 m. 1649.

Steenwick: Pour la perspective, on remarque la prison de St. Jean-Baptiste; les figures sont de *Franç. Franck*, parmi les quelles la servante recevant la tête du Saint, des mains du bourreau: *Van-Dyck* l'estimoit beaucoup; il faisoit souvent pour lui les fondes d'architecture.

Pierre Van-Slingelands : Deux Enfants, qui s'a-musent à faire des boules de savon.

Rembrant, que les Italiens ont appellé Caravage des ultramontains : Un Avare. — Une Famille pauvre dans une maison obscure.

Peintres Ialiens.

L'Italie s'est distinguée en plusieurs Ecoles, dont chacune a ses chefs, et son caractère particulier. L'Ecole Romaine est la plus célèbre par la beauté, et la correction du dessein, l'elegance des compositions, la verité de l'expression, et l'intelligence des attitudes : Ses Maîtres se sont nourris de la perfection des Grecs. Il se sont moins appliqués au coloris, qu'à rendre avec une sorte de solemnité, les grandes idées dont ils étoient penetrés, c'est en quoi ils ont reussi d'une manière très superieure. Leurs tableaux tiennent le premier rang dans les collections de Peinture. La Florentine a eu pour fondateurs *Leonard de Vinci*, et *Michel-Ange Buonarroti*. Ils avoient la connoissance la plus assurée dans l'anatomie. Ces deux grands Artistes ont transmis à leurs élèves un goût de dessein fier, et decidé, une sublimité d'espression, qui quelquefois peut paroître outrée, et hors de nature, mais toujours magnifique. *André del Sarto*, contemporain de ces grands hommes, dessinoit avec une correction admirable; il a été excellent coloriste; et une grande partie de ses tableaux a encore un eclat surprenant. Frere *Bartolommeo de la Porta*, qui donna des leçons à Raphaël, et qui en étoit digne, a laissé peu de tableaux, mais qui sont excellens dans toutes leurs parties. Il a vu l'Ecole de Florence se former. Rien ne lui manquoit de ce qui peut former un peintre de premier rang. C'est un Triumvirat qui n'a pas l'egal. Dans la suite des temps, sans abandonner le grand goût du dessein, et de l'expression, le coloris s'est perfectionné dans cette Ecole, qui ne seroit moins nombreuse que les autres, si le païs que lui a donné naissance, n'etoit pas plus petit. La Lombarde a reuni toutes les qualités, qui forment la perfection de l'art de peindre. A l'étude de l'antique, sur le quel elle s'est formée pour le dessein, ainsi que les Ecoles Romaine, et Florentine, elle a joint les beautés vivantes, et sensibles de la nature, la richesse de l'ordonnance, la verité de l'expression, la pureté, et la finesse des contours, un coloris souvent aussi vrai que la nature même, une facilité de pinceau admirable, et ce que la science, et les graces de la peinture peuvent offrir de plus noble, et de plus touchant. Le *Corrège* est regardé comme le premier peintre de cette Ecole, qui compte parmi ses élèves le *Parmesan*, le *Schidone*, les *Garaches*, *Guide*, *Guerchin*, le *Dominiquin*, l'*Albane*. Nous ne dirons rien ici de la Venitienne. Nous en avons parlé.

Dominique Feti de Rome, n. 1591 m. 1624. Artemise en habit de deuil, prête à avaler les cendres de son frere et mari. On a peine à croire que le coeur humain puisse jamais pousser si loin sa tendresse: les Ouvriers s'empressent à bâtir le magnifique Mausolée, qui fut achevé quatre ans après la mort de cette reine.

Fr. Mazzuola dit *Parmigianino:* Portrait d'homme; demibuste. — Un ébauche de la Vierge. — Jesus, et St. Jean (on le croit du *Veronese*).

Luce Massari: La Vierge lavant des linges dans un ruisseau; Jesus les tirant d'un baquet; St. Joseph les deployant: figure entieres dans un beau païsage.

D'*Albani:* L'Enlevement d'Europe. — Autre plus petit. — St. Jean Baptiste enfant avec un agneau.

— Une Danse de petits amours. — St. Pierre délivré de sa prison par l'Ange. — Repos en Egypte avec plusieurs Anges. — Venus couchée au milieu des amours, qui s'amusent à tirer des flèches au bersail. — Ce Peintre est un des plus gracieux de l'Ecole de Lombardie. Il s'est borné en general à des sujets d'agrement, où il à excellé. Il à souvent repeté les mêmes sujets, que l'on trouve dans differentes collections: tels que les saisons, les elemens, des jeux d'enfans, des Venus, des Amours (aux quels servoient de modèles sa propre femme et ses enfants), et d'autres de cette espece, qu'il placoit dans des païsages ouverts, qu'il peignoit avec la plus grande verité. Son coloris est gracieux: il aimoit à finir ses tableaux, ce qui rend sa maniére très-reconnoissable.

Guadence Ferrari Piemontois de Valduggia: Le Massacre des Innocens (dit du *Dosso*): tableau chargé de beaucoup de monde. — Une Ste. Femme assise dans son lit, recevant une vision; plusieurs femmes autour d'elle. — La Vierge et Ste. Anne, qui donne des cerises à l'Enfant: d'un côté St. Jean Evangéliste, de l'autre St. Joachim.

Deux Païsages qu'on dit du *Dominiquin.*

André Schiavone: Mercure assis; petit fig.

Salvator Rosa: Un Païs obscur avec trois figures, une habillée en blanc. — Deux tableaux sur bois, en clair-obscur; dont l'un réprésente peut-être, le saut de Leucade. — Il y a un très-beau Païsage tres-bien coloris, sur toile, — et quelques autres: On sait que ce maître peignoit avec la plus grande verité, et rendoit très-bien la nature. On a de lui d'excellens tableaux de batailles, de chasses, de païsages, d'animaux, qui forment son vrai genre. Il en a fait quelques autres de caractères marqués, où il a egalement bien reussi. Son coloris est vigoureux; son dessein est quelquefois biz-

148

zarre : mais il porte dans tout une originalité, qui
le fait reconnoître d'abord.

André Mantegna, n. 1431 m. 1517. La Ste. Vierge assise, l'Enfant Jesus dans les bras près d'une
carriere de pierres, dans la quelle on voit des très-
petites figures, qui travaillent. D'un autre côté, vuë
d'une campagne, et d'une ville sur une montagne.

Barthelemi Schidone, né à Modène en 1560 m.
1616 n'a pas beaucoup travaillé. Ses tableaux sont
rares, et d'autant plus precieux, qu'aucun peintre
n'a plus approché que lui de la manière de peindre du Correge. La Vierge avec son Fils, et St.
Jean enfant. — Le même en un autre tableau.
— Ste. Catharine, qui embrasse d'un air triste la
roue, et l'epée.

Guide: Une Sibille (nascetur de virgine). *Guide Reni* est un des Peintres sur les quels il est
très-facile de se tromper, puisqu'il a suivi la maniere de plusieurs, et sur tout des Caraches, et du
Caravage. Il a reussi dans tous les genres de peinture. Dans sa première maniere il eut les ombres
très-fortement prononcées: la seconde est l'imitation même de la belle nature: la troisième est
plus tendre, mais en même temps plus foible. Il a
fait une quantité prodigieuse de tableaux: cependant il y en a beaucoup qui passent sous son nom,
et qui sont faits par ses imitateurs, et ses élèves.

Bernard Luino: La Vierge à genoux, à gauche
l'enfant Jesus; à droite, St. Jean folatrant avec un
agneau.

Ludovic Mazzolini: La Circoncision: peu loin.
— La Nativité.

Benoit Castiglione Genois: Une Femme qui trait
une vache. — Medée rendant la jeunesse à Eson;
et — deux autres tableaux, de même sujets.

Jacques Bassan: St. Jerome à genoux. — Un
avare ayant de l'argent sur une table.

J. Paul Pannini: Sous un arc, plusieurs personnes, et la vuë de la mer dans l'enfoncement.

Luc Giordan: L'enlevement de Deianire par le centaure Nessus. — Le Triomphe de Tetis. Il y à un grand nombre de tableaux de ce peintre dans toute l'Italie; mais ils ne sont pas tous de la même force: on en voit quelques uns de la plus belle expression, et d'un coloris excellent. Il fût disciple de l'*Espagnoletto*, et s'exerça ensuite sous *Pierre de Cortone*, qu'il aida dans ses grands ouvrages: il a cherché a imiter *Paul Veronese*. Il travailloit avec une facilité, et une celerité singuliere. Il est très-difficile à reconnoître dans ses propres ouvrages, car il paraissait vouloir se deguiser en imitant telle maniére qui lui plaisoit. L'imagination de ce peintre ne peut pas être plus feconde: son coloris est armonieux, et delicat; sa perspective est exacte.

Annibal Carrache est le plus grand peintre de sa famille. Son style est noble et sublime; le dessein precis, et hardi; le coloris souvent admirable. C'est un des fondateurs de l'Ecole Lombarde: il mourut à Rome, où il avoit peint la plus grande partie du palais Farnèse. Ce fût un ouvrage admirable, au quel il employa huit ans; et n'enretira pas une récompense proportionnée. La Vierge embrassant son Fils, d'un côté St. J. enfant, de l'autre St. Joseph ayant un livre de la main gauche. — La Ste. Vierge assise, embrassée de l'Enfant Jésus et St. Joseph.

Vittore Carpaccio Venitien: Les Rois Mages en petite et demie figures sur bois.

Scipion de Gaeta: L'Ange présentant le calice de la Passion à Jesus Christ: sur ardoise.

François Trevisani de Trevise: Le Songe de St. Joseph; la Vierge lisant près du berceau. — La

Vierge assise près d'une table, peu loin Jesus avec un fleur dans la main.

Solimene: Un grand tableau. Le Bain de Diane. Calisto nymphe de Diane, avoit été séduite par Jupiter: elle étoit dans son neuvieme mois, le refus qu'elle fit de se baigner avec la Déesse, manifeste son état, et la Déesse indignée la chasse de sa suite. Ce peintre Napolitain, qui appartient à l'Ecole Romaine, a veçu jusqu'à l'age de 90 ans. et monrût dans sa patrie. On lui reconnoit la plus belle immagination, et le genie le plus heureux: ses tableaux sont vraiment animés, et en mouvement. Il semble l'emporter dans ce genre, sur tous les peintres. Son dessein est vrai et beau; son coloris est un peu gris, et les ombres brunâtres: mais il étale tant d'expression et d'esprit, qu'on ne se lasse point d'examiner ses tableaux. Il surpassa de beaucoup son père: après la 32 année on lui voit ajouter plus de richesse à ses compositions, plus d'exactitude dans ses contours, et ses draperies. C'est dans l'Eglise de D. *Elvina* à Naples, où il est à admirer. Il eut beaucoup d'élèves.

Du *Correge:* La Priere de Jesus Christ dans le Jardin des Oliviers, c'est la sujet du petit tableau qu'il peignit pour Reggio, et qui est est actuellement en Espagne. — Une Magdelaine debout avec un livre ayant la date 1564 (on la croit de Schidone). Le *Correge* est le premier Peintre, le Chef de l'Ecole Lombarde. Cet Homme etonnant, ne connoissoit pas l'antique. Il n'avoit vu ni le *Titien*, ni *Raphaël*, ni *André:* la Nature, et son genie le firent exceller dans son art. On n'a pas encore pu imiter le coloris enchanteur du *Correge*, ni le moelleux de son pinceau. Ses ouvrages, qu'il donnait à très-bon marché, sont hors de prix, et très-rares. Plusieurs que l'on dit être de lui, parce qu'ils s'approchent de sa manière, sont faits par d'autres maîtres, qui ont taché de l'imiter. Son nom est *Antoine Allegri*, né à Corrège en 1494 mort en 1534.

Jules Carpioni Venitien: Coronis poursuivie par Neptune. — Vuë d'un païsage près de la mer.

Lanfranco: Ste. Marie Madalaïne la penitente, tenant la main droite sur un crâne.

Simon Cantarini, dit *Pisarese:* La Vierge, et son Fils; St. Jean lui baise un pied.

Tiarini: Elève de Caraches. Une Nativité: un Ange, qui améne quelques bergers. Ce peintre fut nommé l'*Expressif:* Et en effet il à très-heureusement rendu les differentes passions. Sa manière étoit grande; quelque fois indecise: Son coloris ferme et vigoureux, sans cependant étre chargé d'ombres trop noires: mort en 1600.

Antoine Canale, dit *Canaletto*, n. à Venise en 1697 m. en 1768. Le Canal grand près du Pont de Rialto.

Benvenuto Garofolo, n. en 1472 m. 1550. L'Annonciation de la Vierge.

Du *Palma* vecchio: La Fraction du Pain. Ce peintre n. en 1508, m. en 1588 fut élève du Titien. Il a imité la Nature, et l'a réprésentée dans toute sa beauté avec une patience, et un travail achevés, sans cependant, qu'on puisse lui reprochér d'avoir affoibli ses idées par un trop grand fini. Son genie tranquille et froid, ne lui permettoit point les ecarts, que l'on remarque dans le Tintoret, et dans Paul Veronese: mais ce qu'il réprésente est si bien peint, si frais, que on croit qu'il n'a jamais vu la Nature, que sous l'aspect le plus favorable.

Jacque Ligozzi: Le Sagrifice d'Abraham: —Un

152

Ebouohe · . . . une tête de Femme regardant en bas .

Alexandre Tiarini Boul. La Ste. Vierge dans l'attitude d'envelopper son Enfant dans un linceul deployé par un Ange, pour le placer dans une corbeille. Sur la porte St. Joseph parlant à un autre Ange, qui amene quelques bergers.

Paul Veronese: Ste. Agnés lisant à genoux, et deux Anges: exquisse.

Ciro Ferri : Alexandre lisant Homere: ce peintre se forma d'après les ouvrages de Pierre de Cortonne. Son coloris est frais et gracieux. Il peignoit avec propreté; mais il manquoit de ce feu d'imagination, qui caracterise les grands Artistes, ce qui fait que ses originaux, ressemblent à d'excellentes copies, travaillées avec soin .

Jacque Bassan le jeune: Une famille pauvre, un chien, et en bas, des Ustenciles de cuisine etc.

Lavinia Fontana: L'Apparition de Jesus Christ à la Madalaine, sous la figure d'un jardinier, avec quelques autres figures. — On voit aussi son portrait encadré avec 53 petits portraits en 6 tablettes .

Du *Titien:* Jesus Christ chez le Pharisien (le même en grand existe à Dresde). Autre. La Vierge, l'Enfant Jesus etc. — et quelques autres tableaux. Ses ouvrages repandus, et estimés partout, ont fait connoitre ce maître, qui a couru la carriere la plus longue, et la plus heureuse. La mort prématuré de Giorgione lui laissa le prèmier rang dans l'Ecole Venitienne. Il ne connoissoit pas l'antique, et souvent son dessein manque d'exactitude. Mais quel coloris, et quelle expression, sur tout dans les sujets gracieux. — La Ste. Vierge en habit rouge; l'Enfant Jesus dans ses bras, enveloppé d'un linge. Vuë d'un païsage apperçue d'une fenêtre.

Mazzolini. L'Enfant Jesus reçoit dans l'étable les hommages des Anges, et des Bergers; en haut la Gloire céleste.

François Mazzuoli, dit le *Parmigianino:* La Ste. Vierge allaitant l'Enfant Jesus. — Autre avec un livre ouvert. Sa manière est belle, pour la grace qu'il a su donner aux figures de femmes, et l'amabilité dans les enfans; dans cela il est presque sans rival; son coloris est frais, et naturel; son faire est aisée; son dessein est correct; ses draperies sont heureusement jettées. Il a manqué d'expression dans les grandes compositions: il a beaucoup mieux reussi dans les petits tableaux de chevalet, qui sont fort rares, et d'un prix excessif.

La Ste. Vierge à genoux adorant l'enfant Jesus avec des Anges des Pasteurs etc. et une gloire en haut Eticheté *Mazzolini* (on la dit de *Gaudence Ferrari* de Vercelli).

Scarsellino: Le Jugement de Paris, Elève des Caraches.

Michel-Ange Amerighi, dit le *Caravage:* Une Rondache sur la quelle est peint la tête de Meduse, une des trois filles de Phorcus: cette jolie fille ayant prophané le Temple de Minerve, eut ses beaux cheveux transformés en serpents par la Déesse, et ses yeux acquirent le pouvoir de changer en pierre tous ceux, qui les regardoient. Persée lui coupa la tête, que Minerve porta depuis sur son Egide, ou son Bouclier. C'est un peintre qui a beaucoup travaillé.

Charles Cignani: Buste de la Vierge, pressant l'Enfant Jesus contre son sein. Il lui présente un Rosaire. Il est un des bons peintres de l'Ecole de Boulogne. Son dessein, son coloris, ses composisitions sont excellentes. Il peignoit avec facilité. Si l'on trouve dans la pulpart de ses grands tableaux moin d'expression que dans ceux de ses maîtres, c'est qu'ils sont trop finis. Il a peint les Vierges et les Enfans sur tout, de la manière la plus vraie et la plus aimable.

Jerome da Carpi: La Femme adultère, que Jesus C, renvoye en lui disant de ne plus pècher à l'avenir; avec beaucoup de figures,

Jean Bonatti (on le dit de *Mignard*): St. Charles Borromée assistant les pestiférés.

Aléxandre Turco dit *l'Orbetto.* Tableau Symbolique réprésentant le Sacrement du baptême. En Ardoise: Etichetté, *Felix Riccio.*

François Barbieri appellé le *Guerchin:* Un Païsage avec hommes et femmes qui s'amusent à chanter. On peut dire, que toute l'Italie est pleine de ses tableaux. Son dessein est libre: ses expressions nobles; mais son coloris n'est pas egal. Sa première manière est grise et foible; la secònde est plus dure: ses tableaux sont piqués d'ombres fortes. La troisième manière de ce peintre est la plus belle: Elle tient quelques fois du goût du Corrège, et du Titien. Plusieurs tableaux qu'on dit être de sa main, sont faits par ses élèves, sortis de l'Academie, qu'il etablit dans sa propre maison à Boulogne.

Nous avons ajouté une legère idée du Peintre, puisqu'il s'y agit des Maîtres Italiens, que les Etrangers aiment le plus à connoître.

La Tribune.

On a choisi cet endroit de préférence, pour y réunir tout ce qu'il y à de plus précieux dans la Galerie, à cause de la hauteur de la piece, qui s'eleve en forme de coupole, et de la disposition des jours, que des fenêtres donnent par le moyen des rideaux, autant qu'il en faut pour voir chaque morceau: Elle est de forme octogone, ayant environ 21 pieds de diamètre, bâtie suivant le dessein de *Bernard Buontalenti*. Le Dôme a été orné en nacres de pèrle par *Poccetti*. Le pavé de marbre est d'un grand prix.

La *Vénus*, sculptée par le célèbre Chev. *Canova* natif de Pozzognolo détroit d'*Asolo*; elle fut transportée de Rome en 1812 d'après les dispositions du feu Roi d'Etrurie. La hauteur est br. Flor. 2. 15. 8, avec le plinthe; mesure Française mètres 1 692. Le sculpteur même en la plaçant ne voulut pas qu'on la mit à l'endroit où était la *Vénus des Medicis*, voulant indiquer peut-être par une telle modestie qu'elle s'approchait beaucoup de la première. Quoique nouvellement sculptée elle éclate parmi les chefs d'oeuvres des plus célébres sculpteurs de la Grece. Les contours sont delicats, doux et charnus; la draperie est bien entendue, laquelle enveloppant le bras droit, tombe sur la droite, et après avoir cachè le sein droit, parvient jusqu'à la moitiè de la jambe droite, et se voit denouée tout à fait dans le reste. La Venus des Medicis etait toute nue et sans draperie (v. Mus. Flor. Gori Pl. XXVI, haute br. Flor. 2 $\frac{3}{4}$). L'excellent sculpteur moderne nous a voulu de même la presenter courbée en avant, tournant la tête sur la gauche; et cette attitude semble vouloir indiquer de la surprise, mais la bouche avec un très-delicat sourire semble plutot se plaire d'etre admirée. Le mouvement dévoile la pudeur expliquée très-artificieusement. L'*Acerra*, remplie de parfums, que l'on voit au derrier du pied droit, nous rappelle l'ancien usage qu'on avait en pareilles circon-

stances. Elle est aussi superieurement bien travaillée, qu'elle ne laisse presque rien à la critique des
censeurs les plus sévéres, qui ne doivent que l'admirer (sans Plinte m. 1 624).

Le Faune: piece du meilleur siècle de la sculpture antique. Il est entierement nud: tous les
membres sont de l'harmonie la plus belle, et la
plus animée, et savamment contrastées : l'opinion
commune l'attribue à Praxitèles, plutôt sur la perfection de l'ouvrage, que sur aucune preuve cer-
taine. Le marbre est de la plus belle couleur; il
a seulement quelques taches au visage, occasion-
nées par le plâtre que l'on y a appliqué en differens temps pour le mouler: On a eu raison de de-
venir un peu difficile sur cet article. Il joue des
crotales, ou cimbales, et il à le pied droit sur le
scabile. (Tout le Monde ne sait pas ce qu'etoit le
scabile, ou le *crupezia :* c'etoit un espèce d'instrument en forme de souflet, qui rendoit des sons à
peu-près, comme les souflets, qui sont dessous ces
petits oiseau de bois, dont s'amusent les enfans).
Il respire la gayeté, et la legereté, comme le Faune qui à été d'*Altieri*. La tête, et les bras on été
restaurés par *Michel-Ange ;* mais c'est avec tant
de goût, qu'elles sont dignes du reste de la figure,
et du plus beau style comique, qui soit arrivé
jusqu'à nous. V. *Maffei*, l'estime comme une des
plus belles Statues de l'antiquité.

Le Rotateur, le Remouleur, ou l'Espion, l'*Ar-
rotino*, statue célèbre, qui fut trouvée à Rome
dans le XVI siecle (apporté sous le Pontificat d'In-
nocent XI vers l'an 1680 du vivant de Côme III
avec la célèbre *Vénus* dite des *Medicis*). Il tient
de la main droite un couteau à un tranchant, qui
est posé sur une pierre, et appuyé par deux doigts
de la main gauche. Il est entierement nud, dans

un attitude genée, ni à genoux, ni assis; on pourroit dire accroupi: le corps un peu panché en avant, parce qu'il a son point d'appui sur la main gauche. On pretend lui trouver un air occupé de toute autre chose que du soin d'aiguiser son couteau: effectivement il à la tête tournée, et ne regarde ni la pierre, ni le couteau; son air d'attention ne marque point de finesse, et tous les traits indiquent un esprit epais: la tète cependant est traitée de la meilleure maniere; la chevelure est courte, negligée et rude, mais faite avec la verité de la nature même. On l'à pris pour un Cincinnatus, ou Manlius Capitolinus, Milicus, ou Accius Navius; mais on dit communement, que c'est un esclave, qui decouvrit la conspiration des fils de Brutus pour retablir les Tarquins, ou celle de Catilina; ou bien celle contre Neron. Il y a eu des savans, et parmi eux Leonard Agostini, cité par Gronovius qui ont cru que c'etoit ce Scite, au quel Apollon commanda d'ecorcher Marsias. *Pelli*, dans son *Essai historique*, demontre la vraisemblance de cette opinion. *Winkelmann*, en effet, decrit, un onyx, qui appartenoit à *Stosch* (aü jour-d'-hui dans la collection du Roi de Prusse), dans la quelle aux pieds de Marsias on voit cette figure dans cette attitude; on peut citer aussi à l'appui de cette opinion, un bas-relief qui etoit dans la *villa Borghese*, et un autre qu'on peut voir dans un monument à Saint Paul auprès de Rome. Quoiqu'il en soit, c'est une figure bien pensée, d'un mouvement simple et naturel, pleine d'expression, et d'un caractère de verité, qui repond à l'état de l'ouvrier, qu'on à répresenté (Voyez l'abbé *Dubos*, et l'Encicloped. au mot *Rotateur*). Ce qu'il y a de certain c'est, que cette statue tient à la main un couteau d'une forme singulière, et non pas un poignard, ou un rasoir. Sa nudité absolue, s'oppose à le croire un *Navius*, car ce n'étoit pas la meilleure manière pour representer un Augure, quoique l'on sache que les grecs representoient nuds même les Empereurs.

LE PETIT APOLLON (*Apollino*), dont on a en 1780 enrichi la Galerie: *Mengs* (Tom. II pag. 45) dit que celui du Belvedère offre l'idée du style sublime, et que celui de Florence, de même que la Venus (dont il était voisin), donne l'idée du beau, et du gracieux. Ce qui lui ressemble le plus, c'est le petit Apollon en bronze d'Albani, qui est de Praxitèles, ou du sculpteur des graces: celui-ci est peut-être le modèle le plus accompli du style gracieux. La douceur de la chair, malgré la dureté du marbre, est admirable: Sa peau paroit molle et delicate; la posture, l'exactitude du dessein sont inexprimables. L'air de sa tête est charmant, les formes seduisantes, le mouvement svelte et agreable. Sa hauteur est de 4 pieds, 4 pouces, 4 lignes, mesure de Paris; et d'Angleterre 4 pieds, 7 pouces, 8 lignes. De Florence br. 2, 12, On la croit fait en marbre de Paros, comme plusieurs autres statues, dont la carriere étoit dans une des Cyclades: ce marbre devint si fameux, que les plus habiles Sculpteurs n'en vouloient pas employer d'autres. On pretend cependant, que celui d'Italie est plus commode pour la sculpture, parcequ'il est moin sujet à s'ecailler.

LES LUTEURS: *La Lotta*. Groupe fameux, pensé avec un génie superieur, et travaillé de même, que bien des amateurs mettent au dessus de toutes les statues, qui sont à Florence: unique dans son genre. On y voit surtout la force, la tension des muscles, et le gonflement des veines, comme dans le Laocoon. La tête du vaincu est antiqué: pour l'autre, les sentiments des connoisseurs sont partagès (voyez *Algarotti*): Elle paroit retouchée. Quoiqu'il en soit, ces deux têtes ont une grande expression: Le vainqueur semble s'applaudir de sa victoire, pendant que le vaincu, pressé par le bras vigoureux, et le poids du corps de son heureux adversaire, le front baissé, l'oëil morne, marque dans les mouvemens convulsifs et stupefaits de son visage, le dépit, le dèsespoir, et une fureur impuissante. Son heureux antagoniste lui tient une main, et un genoux appuyés sur le flanc et sur les épaules; et de la même main il lui eloigne du corps un bras, qu'il paroit étre disloqué: celui qui succombe a le visage tourné du côté de son antagoniste, et une jambe levée comme pour faire un nouvel effort, pour se tirer de la géne, où il est, et culbuter son adversaire. Ce groupe est d'une grande precision de dessein, et d'intelligence d'anatomie; quoiqu'il fut d'une execution très-difficile, il n'a point de parties plus foibles les unes que les autres. *Winkelman* (Tom. III pag. 38) croit qu'il appartenoit au groupe de la famille de Niobé, ayant été trouvé en même temps (mais non dans le même endroit). Ou que peut-être est il le *Symplegma* si renommé de Cephisodore fils de Praxitèlé, ou mieux encore le *Pancratium volutatorium?*

Tableaux.

Les Peintures de la Tribune sont (pour la plus part) dignes d'étre placées près des chêfs d'oeuvres de la sculpture.

Lanfranc: il fut elève de Carrache, quoiqu'il ait cherché à imiter le Corrège. St. Pierre auprès de la croix; les deux clefs dans la main gauche demiefigure pleine d'expression, de repentir, et d'amour : on donne à ce peintre le premièr rang pour la gouache, ayant peint des coupoles dans Rome, et à Naples, où il paroit une abondance de dessein, une franchise, et une liberté de pinceau étonnantes, et presque inimitables.

Pierre Vannucchi, nommé le *Perugin*, sur bois, peint en 1493. Nôtre Dame avec l'Enfant Jesus sur ses genoux; St. Jean Baptiste debout d'un côté; S. Sebastien de l'autre. Une belle architecture dans les regles de la perspective, decore le tableau, aufond du quel on voit la campagne ouverte : ce peintre excelloit dans ce genre de travail; il forma son goût à Florence, où il a beaucoup travaillé, d'après les leçons d'*André Verrocchio*. Il à le défaut de se repetér souvent, et de donner une même physionomie à toutes ses figures. Rien de plus commun que de voir St. Sebastien dans ses tableaux. Il mourut à l'age de 78 ans en 1524 à *Castello della Pieve*. Ce qui l'à rendu immortel plus que ses ouvrages, c'est l'honneur qu'il à eu de compter *Raphël* parmi ses éleves.

Joseph Ribera, surnommé l'*Espagnoletto* : St. Jérome tourné vers une trompette, qui paroit dans les airs, se frappant la poitrine, et tenant un Crucifix de la main droite.

De *Raphaël;* on peut remarquer ici les progrès de ce grand homme. La Vierge tenant un livre de la main gauche, et l'Enfant Jesus, qui joue avec S. Jean, avec un chardonneret; ce tableau offre de la simplicité dans les physionomies, comme dans les positions. On y apperçoit l'Ecole du *Perugin*, et le premiers élans du disciple, qui devoit bientôt surpasser son maître. — Le second est plus etudié, plus vif : La Vierge assise ; l'Enfant Jesus qui l'embrasse, et S. Jean Baptiste peu loin : dans l'enfoncement quelques restes d'edifices etc. Ces tableaux sur bois, sont tous les deux excellemment dessinés. On voit dans l'air des têtes toute la finesse, l'expression, les graces, et la verité, que l'on peut souhaiter dans un pareil sujet, mais le coloris est bien inferieur à celui de la célebre *Madonna della Seggiola*, qui est a present à *Paris*, un tableau des plus precieux (s'il n'est pas le plus beau de ce grand maître:), qui a été conservé à *Florence* toujours sous verre, et sous le cachet du Souverain: c'est par consequent presque le seul ouvrage de *Raphaël*, sur le quel une main audace, et profanatrice n'ait osé d'y porter la rage de la restauration, et du vernis (voyez sur ce propos, *Dialoghi del Disegno di Bottari. Lucca* 1754. *Dial. V. pag.* 222. *et depuis* 244. *jusqu'à* 248. *etc. et Fabbroni Rome par Zempel à pag.* 92. *d'une Dissert. qui a remporté le prix en* 1787.) — S. Jean dans le desert assis, et vu en face: c'est un tableau célèbre; le coloris en est beaucoup plus fort: il est de sa dernière manière, et de la plus parfaite; en toile: il en est parlé dans *Vasari;* et *Pelli* a fait voir dans le second tome de son *Essai,* qu'il est bien un tableau original. — Le portrait de Jules II, aussi de *Raphaël,* il vient de la maison *della Rovere* (V. dans la maison Corsini le dessein fait par *Raphaël*). — Portrait de Femme, de sa premiere maniere, fait sur le goût de *Leonard de Vinci;* avec plusieurs bagues aux doigts, et une croix au col, avec un ruban jaune: sur bois. — Autre portrait sur bois, en habit garni de pellisse, non achevé (dit à present la *Fornarine*): tous les *Catalogues* (et l'inventaire du 1635.) le disent de *Giorgione*: la physionomie n'est pas des plus charmantes, mais excellemment peinte (comme l'est le Chevalier de Malthe par le même voyez-le dans la salle des Vinitiens). La date du 1512, qu'on y lit, fait naitre quelques doutes: les vrais connoisseurs remarquent, que les mains, et les draperies sont oloignées du faire de *Raphaël* (Le même remarque a été faite sur l'autre femme).

Van-Dik: D. Jean de Montfort en habit noir, plus que demi-figure. — Charles V à cheval, armé de tout point; une aigle tenant du bec une couronne de laurier .

Clovis Carraches: Eliezer économe d'Abraham chargé par lui d'aller en Mesopotamie choisir une femme pour son fils Isaac, il rencontre près de la ville de Nachor, Rebecca, qui etait au puites avec ses compagnes: il lui demande de l'eau pour sa suite, et celle-ci lui en ayant donnée de bonne grâce, il lui presente des perles et des précieux bijoux.

De *Baroche*. Le Duc d'Urbin armé.

Horace de Paris Alfani, Elève du Perugin: La Ste. Vierge assise avec l'Enfant Jesus entre les bras; Ste. Elisabeth lui presente St. Jean enfant.

Fra Bartolommeo della Porta. Job, et—Isaïe: le second est surtout d'une grande beauté, quoiqu'il n'egale pas le S. Marc, qui étoit au Palais Pitti (à present à Paris), qui est parmi les figures de *Porta*, ce qu'est le Moyse de Rome parmi les statues de Michel-Ange: le tout est dessiné d'une grande maniere, et peint d'un pinceau moelleux. Son colori est beau comme nature, et dans touts ses tableaux on admire sa fraicheur. On reconnoit dans ces deux Ouvrages, l'homme qui etoit bien digne de donner des preceptes au grand *Raphaël*.

Du *Corrège*: La Vierge adorant l'Enfant Jesus, qui est couché devant elle: la draperie qui couvre le corps de la Vierge est singulièrement jettée; une partie lui sert de coeffure, et descend de-là jusqu'à terre : c'est sur le bout de cette draperie que l'Enfant est couché, de sorte que la Vierge ne peut faire le moindre mouvement sans renverser l'Enfant. Ce tableau est d'une fraicheur admirable : on y voit une beauté d'expression, une tendresse de sentiment, qui passe jusqu'aux spectateurs. Il n'existe rien de lui, qui soit aussi bien conservé : la tête est admirable ; et ainsi que les mains sont peintes à merveille, quoiqu'il y ait moins de force que dans les ouvrages capitaux de lui (*Mengs* T. 11. p. 169.) ; mais aux incorrections près : ce tableau est charmant, et d'un grand fini, avec beaucoup de grace, et d'expression. — La tête coupée de S. Jean en un bassin. — Une tête d'un enfant jeune, en un autre tableau. — La Ste. Vierge en Egypte, habillée de blanc ; l'Enfant Jesus entre ses bras ; S. Joseph detache une branche d'un palmier ; et à la gauche S. Antoine de Padoue, tableau excellent pour le dessein, et pour la couleur, les chairs sont extremement fraiches, les physionomies gracieuses, et toutes les attitudes vraies, et naturelles. On dit que *François I.* Duc de Modene envoya a Corrège le Peintre *Boulanger* pour copier ce tableau, et qu'il substitua sa copie à l'original. Celui ci parvint aux *Medicis*, qui donnerent en echange un tableau d'André, représentant le sacrifice d'Abraham.

Leonard de Vinci : Herodiade, et sa servante, recevant la tête de S. Jean Baptiste de la main du Bourreau, qui la lui a coupées ; en demi-figures ; on le croit colorie par *Luini* son élève, ou d'*André Solario* autre son élève.

Nôtre Dame avec son fils, et un livre dans sa main gauche ; tableau douteux : on ne sait s'il est du *Penni*, de *Raphaël*, ou de *Jule* Romain : il a appartenu à la maison *Siries*.

Luc de Hollande : Christ couronné d'épines ; plus que demi-figure.

Pierre Paul Rubens : Hercule entre le Vice et la Vertu (personnifiées par Venus et Minerve), sujet allegorique : ce tableau est parfaitement bien composé, et bien groupé : il y a un bel effet de lumiere ; une belle couleur, et beaucoup d'harmonie ; les têtes sont d'une grande beauté ; les figures sont bien arangées, et il regne entre toutes les parties de ce tableau une harmonie admirable.

Du *Schidone* : La Ste. Vierge, l'Enfant Jesus, et S. Joseph derriere eux ; S. Jean debout, et deux Anges : Il est un peu noirci en quelqu' endroit.

Albert Durer : Un Epiphanie, en petites figures.

Du *Guerchin*, que l'on a appellé le magicien de la Peinture Italienne : Un Endimion. Jupiter ayant donné à Endimion le choix de ce qu'il amait le mieux, il demanda de dormir toujours sans vieillir jamais. —La Sibille Samie. Son clair-obscur donne un si grand relief à ses ouvrages, que l'on croiroit saisir les corps qu'il représente.

Michel-Ange : La Vierge à genoux, qui donne par dessus son épaule, l'Enfant Jesus à S. Joseph ; on voit dans le lointain des figures nues, qui semblent sortir du bain : Ce tableau est rond, et fut fait pour un gentilhomme florentin, nommé *Agnolo Doni*. Il y a des beautés dans ses draperies, et une grande force de dessein, mais qui n'ôte rien à l'agrement. On peut en voir une description on ne peut pas plus vive, juste, et animée, dans Bocchi (Bellezze di Firenze), où il dit, que l'auteur demanda pour prix de ce tableau 70 ecus, qu'il parut cher, et qu'il en demanda pour lors le double. *Vasari* dans la vie de Michel-Ange dit, que parmi le petit nombre de tableaux de chevalet qu'on a de ce grand maître, c'est le plus beau et le plus fini.

De *Titièn*: Deux Venus. Celle qu'on appelle la femme du Titien est peinte nue, de grandeur naturelle, avec un Amour derriere elle; le pinceau en est vrai, et la maniere dont elle est desinée a plus de fermeté, mais moins de finesse que l'on n'en trouve dans. — L'autre, qui est regardée par *Algarotti* comme la rivale de la Venus de Medicis. On la met au nombre des ouvrages le plus remarquables de la seconde manière de Titien. On pretend que c'est le portrait de la maîtresse d'un des Medicis, ou du Duc d'Urbin. La figure principale, eclairée par tout, est etendue sur un linceul blanc. Elle représente une jeune personne nue, qui tient des fleurs de la main droite. Son regard est voluptueux. L'air de tête, les mains, la carnation sont d'une pureté de dessein, d'une beauté de pinceau inexprimables. Aux pieds de la Venus est couché un petit chien; dans le fond sont deux petites figures, qui cherchent des habits dans une coffre. Ce tableau est un chef-d'-oeuvre, quoique dans les deux petites figures ci dessus, il n'y ait aucune intelligence de perspective, ni pour la degradation du contour, ni pour celle du coloris. Ces défauts, quoique petits, deprisent un peu ce tableau, dont la composition auroit pu se passer de cet episode. Il y avoit néanmoins, beaucoup de merite, à tenir la figure entierement dans les clairs, sur des linges blancs, et faire ce même fond clair, et d'un bel effet: il falloit un aussi habile homme que le *Titien* pour y reussir. La beauté de ses traits, la langueur éloquente de sa physionomie, la volupté de son regard, le charme de l'attitude, tout porte la seduction et le plaisir au fond du coeur. —Portrait du Prélat *Baccadelli*, Boulonois, avec un Bref de Jules III.

Le *Parmesan* vient à la suite du Corrège par son style gracieux; mais en voulant le surpasser, il est devenu manièré et mignard : Une Sainte Famille, avec la Madalaine et le prophete Isaïe vu de profil, avec un grand livre . La tendresse qu'on voit entre les deux enfants qui se caressent est admirable. Un peintre, qui avoit comparé les deux têtes des Vierges (du Parmesan, et du Corrège), disoit que le prèmier avoit atteint le terme de la beauté; et que l'autre l' avoit outre-passé .

André del Sarto. Son nom étoit *Andrée Vannucchi*, Eléve de *Pierre de Cosimo*: Nôtre Dame sur un piedestal; S. François, et S. Jean l'Evangeliste debout; la couleur en est vigoureuse: c'est un des beaux tableaux de ce grand peintre, le tout est très-bien groupé. (Son chef-d'-oeuvre, qui étoit à Luco, est maintenant à Paris .) C'est à Florence qu'il faut juger des talents du *Sarto;* car tout ce qu'on voit à Rome, n'est point à comparer à ce qu'il a fait à Florence, particulierment dans les peintures *à fresco* (qui se dégradent insensiblement) . Ce peintre a des couleurs de draperies rouges extremement belles et fraiches, qui paroissent lui étre particulieres; d'ailleurs il drape ordinairement bien, et son dessein est d'un grand caractère . On connoit assez la manière gracieuse, facile, naturelle de ce peintre admirable: son genre est different de *Fra Bartolommeo de la Porta ;* mais il y a quelque ressemblance, qui peut établir une comparaison entre ces deux maîtres . Il est sans contredit un des meilleurs peintres de l'Ecole Florentine, dont il a été le plus grand coloriste. Il a travaillé quelques tems pour François Prèmier en France , et n'a été jamais à Rome.

André Mantegna : Trois Tableaux avec des petites figures. La gravure a été inventée de son temps, et il l'a pratiqué le prèmier.

De *Guide:* Une Vierge en contemplation; demie figure pleine de facilité et de beauté, et de cette imitation de l'antique pratiquée, dont il avait sçu saisir le caractere: On aime à voir ici ses ouvrages, parmi lesquels on conte ses beaux modéles: le Prelat *Fabbroni* disoit, que la groupe de Niobé étoit ce qu'il avoit etudié le plus, la souche est facile et exacte.

Daniel de Volterre, n. en 1509. m. 1566. Le massacre des Innocens: il fut acheté par le Grand-Duc Pierre Léopold en 1782. Il y a plus de 70 figures en differens groupes, avec tant de varieté, qu'on peut le regarder comme une école de dessein. On y remarque un Artiste, qui se faisoit gloire d'être imitateur de Michel-Ange son maître, du quel il a été beaucoup assistè dans ses ouvrages. (La descente de croix de ce maître; S. Jerôme mourant, du Dominiquin; la Transfiguration, de Raphaël; la Nativité, du Corrège; le S. Pierre martyr, du Titien; la Cene, de Paul Veronese, sont autant de miracles de l'art).

Le portrait du Cardinal Agucchia, cru du *Dominiquin;* plus que demi-figure.

Paul Veronese: Nôtre Dame avec l'Enfant Jesus sur ses genoux; S. Jean est dans l'attitude de lui baiser le pied: on voit S. Joseph à gauche, et à droite Ste. Catharine avec une branche de palmier; à mi-corps.

Annibal Carrache: Une Baccante, vuë par le dos; un satyre lui presente des fruits sur une coupe; autres petits satyres, qui badinent lascivement, et un amour derriere elle. Les figures sont de grandeur naturelle, vues jusqu'aux genoux: C'est, peut-être, le meilleur tableau de cet Auteur: Il y en a une repetition à Naples, à *Capo di Monte; Cochin*

168

dit que c'est un morceau digne de toute admiration : on ne peut voir, *ajoute-t-il,* une femme mieux
desinée, ni plus vraie : le contour en est savant
et grand, sans étre chargé : ce tableau est admirablement peint ; les muscles du dos y sont rendus
avec douceur et presque sans paroître ; la tête de
profil est d'une grande beauté, de très-grand caractère, remplie de graces, d'un contour parfait,
et bien coeffée.

Florentins, et Toscans.

De *Carlo Dolci.* Jesus assis ; en haut le S. Esprit ; les Maries, et des Apôtres ; sur bois en petites figures. — Ste. Lucie en manteau rouge ; la
blessure au cou-rayonnante. — S. Pierre. — S. Si-
meon ; demi-figures. Ce peintre travailla beaucoup
à Rome. Son coloris est frais, et sa composition
gracieuse.

Du *Maitre Roux,* n. 1496. m. à Fontainebleau
1541. La Ste. Vierge sur un trône ; l'Enfant dans
le bras ; deux Anges avec un agneau ; et les St.
François, et Jerome aux côtés. — Un Ange, qui
sonne de la guitarre.

Jean Morandi. La Visitation : ébauche du très-
rennomé tableau, qui est à Rome : et vis-a-vis : —
La fuite eu Egypte, de *Curradi.*

Andromède au Temple de Jupiter ; d'un côtè Pallas,
de l'autre Mercure : d'après le goût du *Pontormo.*

Alexandre Allori, n. 1535. m. 1607. étoit neveu
du *Bronzin,* et son élève, ayant entiérement sa
maniere : son dessein est de la pureté de l'antique ;
son pinceau moelleux, et ses idées très-ingenieuses :
il a été tres-savant en anatomie. Portraits : La
Bianca Cappello ; derriere : un songe de la vie de
l'homme ; pensée de *Buonarroti.* — S. Laurent,
qu'on amene au Thyran. — Le même sur la gril-

le . — S. Pierre marchant sur la mer etc. — S.
François en priere. — Eleonore de Tolede ; —
d'une de ses filles . — Hercule environné des Muses , après avoir tué les Geants ; une d'éntr-elles
lui montre le Temple de la Gloire .

Albertinelli. Le Christ mort au pied de la croix,
avec S. Jean, les Maries etc.; on dit étre un ebau-
che de Fr. Barthelemi. D'autre le croiant d'Andrée du Sarto .

Laurent di Credi. L'Annonciation avec un beau
fond d'architecture; en bas en grisaille, trois faits
de la création d'Adam , en petites figures. —
Portrait d'homme, très-beau .

D'*André du Sarto*. Portrait d'homme agé, plus
beau, que celui qu'on voit; vis-a-vis. — Portrait
d'un garçon .

Nôtre Dame assise, le nom du Jesus écrit sur
elle; aux côtès deux Sibilles: vuë d'une campagne.
Ecole Florentine .

Le *Dant* , et le — *Petrarque* ; deux portraits
d'Auteur inconnu .

Cristophe Allori . Il est le meilleur des trois
peintres qu'a donné sa famille . Une Judith avec
la tête d'Holopherne. — Ste. Marie Madalaine
dans le desert : c'est la copie du celèbre tableau
de Corrège , qui étoit à Modène , et qui est à
Dresde. — La fraction du Pain. — Le Gran-Duc
Côme II. tenant un petit oiseau dans la main droite.
— La Vierge, et son Enfant .

Cigoli. S. François stigmatisé .

Frerre Philippe Lippi, n. 1381. m. 1438. S. Augustin dans une niche, dans l'attitude d'écrire.

Jean Baptiste Ramaciotti, prètre de Sienne ,
(famille de Parme). La Nativité de la Ste. Vierge :
sujet riche en figures. Exquisse du tableau qui est
dans l'Eglise de S. François de Sienne .

François Morandini da Poppi. Paisage très-riche en figures, représentant l'age de l'innocence; les quatre Saisons en haut etc.

Ange Allori étoit le meilleur dessinateur, et le plus correct` d'entr'eux. Suzanne dans le bain. — La Femme de Putiphar. — La copie du tableau, que Michel-Ange peignit pour la Marquise de Pescara. Jesus Christ sur la croix; la Ste. Vierge et S. Jean l'evangeliste à ses pieds, et deux Anges en haut (on pretend que l'original existe dans la maison *Doria* à Rome). — Autre tableau allegorique: La Felicité assise entre la Prudence, et la Justice; la Fortune d'un côtè, Atlas de l'autre; en haut deux femmes avec des aîles, dont l'une sonne de la trompette, l'autre couronne la Felicité. — Une Pitié, la mere epleuré etc.

De *Fríderic Zuccheri*. L'age d'argent; Jupiter qui dispense à chaque Divinité un don particulier, avec ces mots »*unicuique suum*« — Diane avec un chien à sa gauche, le javelot dans la main droite; sur bois.

Ventura Salimbeni. L'apparition de S. Michel à S. Galgano, hermite. Le tableau est au *Refuge* Eglise de Sienne.

Adam, et Eve chassé du Paradis par un Ange, qu'on voit en haut; l'arbre, et le serpent seducteur ` tête humaine. Cru d'Ecole Allemande.

Une Sainte, sur bois, qui verse des larmes; la tête couverte d'un voile blanc, qu'on peut attribuèr à *Wolghemut*.

Carlo Dolci. S. Pierre — S. Simon deux tableaux en demi figures.

Gabbiani. Nòtre Dame avec un livre ouvert dans la main gauche.

Volterrain. Ste. Catherine de Sienne pleurant.

Thomas Guidi, dit *Masaccio*. Un vieillard. Ce

que ce peintre a fait, et qui subsiste encore, an‑
nonce qu'il auroit été le vrai restaurateur de la
peinture, s'il eut veçu plus long‑tems.

S. Sebastien au martyre, avec beaucoup de fi‑
gures; du *Sogliani*, mais qu'on le croit fait par
Antoine du Pollajolo.

Jaques Carrucci dit *Puntormo*, n. en 1493 à
Puntormo, m. 1558. Elève du *Vinci*, *Pier de Cóme*
et du *Sarto*. Une rondache, ou plutôt une coupe
evasée, en bois, avec la Nativité de S. Jean Bapti‑
ste: Elle avoit servie pour donner à manger à Eli‑
zabet Tornaquinci, femme d'Aldinghieri, lors‑qu'elle
étoit en couche : sa bru fut niece de Machiavel.
— La Legion Thebéenne, en petites figures; il
fut un bon peintre, excellent en portraits, et en
histoire: Il s'annonça d'abord avec tant de suc‑
cès, que Raphaël et Michel‑Ange en voyant ses
premiers ouvrages, crurent qu'il porteroit la pein‑
ture à sa perfection. Son pinceau étoit vigoureux,
son coloris excellent, son imagination belle et fe‑
conde. Il desinnoit dans le goût de *Leonard*, et
peignoit comme *del Sarto;* mais ayant changé de
manière pour imiter celle de quelques peintres Al‑
lemands, il perdit sa reputation et son goût, aux
quels il ne put revenir. C'est ce qui fait voir la
difference entre ses ouvrages, qui ne paroissent pas
faits de la même main.

Chevalier *Curradi*. Ste. Thecle dans la chaudie‑
re, sujet riche en figures; en haut une Gloire.

Jean Pic de la Mirandole. Homme etonnant qui
fut appellé *Monstrum sine vitio*. On l'attribue à
Frerre Phil. Lippi, qui né en 1381, mourut en
1438. Mais il est bon d'observer que Pic mourut
de 33. ans en 1494. (Il semble plus agè). Il tient
le portrait de *Cóme* Pere de la Patrie, qui étoit
mort en 1464. (de 66. ans).

Frere Jean Angelique de Fiesoli Dominicain.

Les Noces, et — La mort de la Vierge. — Le Prophete Zaccharie assis, écrivant le nom de son fils etc. sous verre. — Deux tableaux d'histoire. Les habits, et les ornemens sont enrichis en or, suivant le goût de son tems. Les visages ont quelque chose de gracieux, et le coloris en est assez beau: tous sur bois.

Bénoit Luti. Une jeune Fille, la tête tournée à gauche. — Autre tête d'un petit Ange, les ailes deployées; tous les deux en pastel.

Jean Mannozzi dit *Giovanni da Sangiovanni*, La Peinture sous la figure d'une femme presque nuë; un petit Amour tenant les pinceaux, colorie à fresque; appellé ainsi par sa Patrie, l'un des bons peintres de l'Ecole Florentine, qui entendoit très-bien la perspective, et l'architecture. On voit de lui des beaux morceaux à fresques dans le Palais Pitti, dans l'Academie etc.

Alexandre Botticelli. La Calomnie, sujet imaginé par Apèlle, et decrit par Lucien.— Judith, qui vient de couper la tête à Holopherne. — La même apportant cette tête suivie de sa servante.

Jacque Chimienti, dit l'*Empoli*. Noé dans son ivresse. — Le Sacrifice d'Isaac; sur bois.

Dominique Ghirlandajo, Ecolier de *Baldovinetti*, n. 1451. m. 1495. Une Epiphanie, riche en petites figures.

Pierin del Vaga. L'Enlevement de Polixène.

Georges Vasari d'Arezzo: il fut élève de Michel-Ange, et d'Andrée: Son dessein est assez bon, sans avoir rien de la fierté, et de la noblesse de celui de Michel-Ange; son coloris est foible; cependant aisé à reconnoître. On voit des tableaux heureux de lui à Florence, où il a beaucoup travaillé. Il est l'écrivain des Vies des Peintres; ouvrage, qui a beaucoup contribué à sa celebrité. La forge de Vulcain; sujet riche en figures. — La Conception de la Ste. Vierge, esquisse du tableau, qui est à Florence dans la chapelle Altoviti, dans l'Eglise de Stes. Apôtres. — Le Prophéte Elisée, qui avec un peu de farine rends douces des viandes ameres (Voyez le IV. Livre des Rois).

Leonard de Vinci. Le portrait de *Raphaël* d'Urbin enfant, qu'on croit fait par le même. — Tête de Meduse avec des serpens; ce tableau est d'une grande verité, mais il n'est pas achevè: ce qui a lieu dans beaucoup de tableaux de ce maître. (Le Marquis *Conti* à Boulogne ayant une pareille tête, la croit originale).

Onoré Marinari. David figure entiere.

Jesus endormi sur la croix; en un très-beau païsage. Quelques uns croient voir le colori du *Baroche*, et autres de l'*Albain*.

Pierre de Cosimo: n. 1435. m. 1521. Persée qui delivre Andromede du monstre. — La même, qui va à la rencontre de Cephée son père; riche de plusieurs petites figures.

Une Femme pensive appuyée à une clepsidre; cru du *Parmigianino*.

Frere Barthelemi de la Porta. La Nativité, et — La Circoncision: deux petits tableaux tres-finis. — Deux autres tableaux, crus du même.

Vènus prenant l'Amour; en bois: *Ecole Lombarde*, selon les connoisseurs.

Par *Bizzelli*. L'Annonciation: sur bois.

Michel-Ange Anselmi. La Crêche: une femme qui echauffe les draps, et un autre aide à la Ste. Vierge à laver 'lEnfant Jesus.

Antoine, et Pierre del Pollajolo, n. en 1437 m. 1498. Hercule étouffant Anthée, Libien, fils de la terre. — Assommant l'Hydre Lernée de sa massue: On le dit d'*Antoine*.

Jesus Christ assis sous un arbre, se lavant les mains: *Ecole Florentine*.

174

Deux tableaux avec 15 petits portraits à l'huile, de la collection portative du C. Leop. Il y en a plusieurs de la famille des Medicis.

Autre Salle de même.

Deux tables en albâtre oriental, avec deux tête de faunes, et bustes antiques: Un pied d'homme surmonté d'un Jupiter Seraphis, avec son modius ou boisseau. La coûtume d'offrir aux Dieux la figure des membres malades, soit pour étre delivrés du mal, soit en action de graces de la guerison obtenue, nous la voyons encore dans le premier livre des Rois: on trouve des oreilles et d'autres parties, même dorées. Les pieds, ainsi que les langues, étoient consacrées à Mercure. — Dans l'autre. — Deux bustes de Seneque, de la plus grande manière; philosophe accredité par sa sagesse et par sa prudence: ouvrage des premiers temps de Neron: il ne ressemble pas à d'autres du même Seneque, où l'on voit un vieillard accablé de craintes, et de douleur, extenué par une abstinence forcée, et ayant à peine assez de force, pour se faire ouvrir le veines.

Raphaellino da Colle. Le Christ mort.

Dominique Beccafumi dit *Mecarino* Siennois. La Sainte Famille; tableau rond: sur bois.

Leonard de Vinci. Une ébauche de l'adoration des Mages.

Pierre de Cosimo. La Vierge sur une base, regardant le S. Esprit. Il y a quatre Saints, et Ste. Marguerite, et Ste. Catherine à genoux.

Gregoire Pagani. Tobia etc. demi-corps.

Clovis Cardi, dit le *Cigoli.* La Madalaine nue; figure entière, couverte de ses cheveux, dans le desert. Elle a un livre, et sa main gauche portée sur un roc, entre un Crucifix, et un crâne. Il dessinoit bien, peignoit d'une manière ferme, et vigoureuse, et composoit avec genie: Il a imité heureusement la manière de colorier des plus grands maîtres, et l'a emporté sur le Baroche, et sur le Caravage. On a quelques tableaux de lui, qui seroient digne du Corrège. Il étoit très instruit dans l'anatomie, ce qui est prouvé par l'ecorché en bronze, que nous avons de lui. Il étoit aussi bon architecte, et a travaillé dans ce genre pour les Medicis à Rome, et à Florence.

Jacques d'Empoli. N. 1554 m. 1640. S. Ive assis, lisant des Requêtes, qui lui sont presentées par des Veuves, et des Orphelins. C'est un tableau capital de l'Ecole de Florence, bien dessiné, bien composé et colorié:

Jean François Rustichi florentin, écolier du Verrocchio. Deux Femmes, la Peinture, et la Poësie, plus que demi-figures de grandeur naturelle. Il fut egalement bon sculpteur; ce dont on peut se convaincre, en examinant les trois statues en bronze, qu'on plaça sur la porte du Baptistere du côté du Nord. Il fut aidé dans ce travail par Leonard de Vinci son condisciple, et ami: il travailla beaucoup en France.

François Granacci, n. 1486 m. 1543 écolier du *Ghirlandajo*. La Ste. Vierge avec son Fils, qui donne la Ceinture à S. Thomas, qui est à genoux, avec l'Archange Raphaël.

Marc-Antoine Francabigio. Le Temple d'Hercule (il est d'*Andrée del Sarto*).

Ridolphe Ghirlandajo. N. 1485 m. 1560. Un miracle de S. Zenobe Eveque de Florence, en rappellant à la vie un enfant tombé d'un balcon, avec beaucoup de monde. — La translation du corps du même S. Zenobe amené à la Catedral.

Franceschini dit *Volterrano*, Un Frère de l'Ordre des Augustins; plus que demi-figure, plein d'exprit, et de verité.

Dominique Ghirlandajo. La Ste. Vierge, et son Fils; S. Victor, S. Bernard, S. Jean Baptiste et S. Zenobe, de grandeur naturelle.

Andrée del Sarto. S. Roch avec deux petits enfans de Confrairie; sur bois.

Charles Dolci. La Madalaine penitente, demifigure, tenant un vase d'albâtre dans la main droite; de grandeur naturelle: Tableau très-harmonieux, de très bel effect, et très-fini, d'une manière particulière à ce peintre, et pleine de douceur (V. la Poësie dans la maison Corsini: une Vierge dans celle de Riccardi).

Du *Francabigio*, n. 1482 m. 1524. La Ste. Vierge assise, tournée vers le Saint Roi Job, et de l'autre côté S. Jean Baptiste regardant l'Enfant Jesus.

Mariotto Albertinelli, le meilleur écolier de *Rosselli*, et de *Frere Barthelemi :* on admire la Visitation de Ste. Elisabeth; tableau d'une expression, et d'une beauté particulière.

Philippe Lippi le fils, n. 1460 m. 1505. L'Adoration des Rois; grand tableau sur bois, avec des portraits de la famille des Medicis.

Ange Allori. Eleonore de Tollede femme de Côme I, avec son fils Ferdinand I à sa droite. — Autre d'une Femme en habit rouge, dont la main droite porte sur un livre: peints sur bois.

François Salviati. Portrait d'un homme assis, decachettant une lettre.—Autre habillé en noir, plus que demi-figure: Ecole Florentine. Ils sont très-precieux.

Frere Barthelemi . Une exquisse d'un grand tableau, qu'on envoya à Vienne, en echange d'autres: c'est la Presentation au Temple. Ce peintre fut tout à la fois et le maître, et le disciple de Raphaël. Vasari, et Mengs le mettent au nombre des plus grands peintres. *Algarotti* dit qu'il a su reunir le grand caractère de Michel-Ange, avec la correction de Raphaël; et dans une lettre à *Mariette* il dit, du tableau dont nous parlons, que l'on ne peut rien voir de plus sagement inventé, de mieux dessiné, et de mieux coloriè.

Jèan Biliverti élève du Cigoli, n. 1576 m. 1644. Joseph s'arrachant des bras de la femme de Putiphar, qui sort du lit pour l'arretér. Joseph fuit; il triomphe, car il resiste. Le combat de deux affections interessantes, sur un beau visage, est un spectacle touchant; tableau qui a beaucoup d'expression, et de merite.

Bernardin Pinturicchio de Perouse (etic. par *Pacchierotto*). La Ste. Vierge assise avec l'enfant Jesus entre les bras, au milieu de S. Joseph et S. Blaise : sur bois ; fut restauré par Bonameci, le quel ne fut point lavée.

Salle de l' Hermaphrodite.

Ce Cabinet contient le bel Hermaphrodite, antique de marbre blanc, couché sur une peau de lion : il a le visage et la gorge d'une femme ; semblable à celui de *Borghese* (elle fut trouvée long-temps avant). Au jugement de *Winkelmann* T. II. p. 47. elle est la plus belle : il faudroit les voir ensemble pour en juger. Ces repetitions ne doivent pas étonner ; car lors qu'un fameux sculpteur avoit fait une bonne figure, d'autres ne dedaignoient pas de la repeter. Je n'en veux pour preuve que les differents copies antiques, que l'on trouve de la Venus des Medicis : nous voyons dans *Pline*, que les Romains avoient fait de ce genre de monstres l'objet d'une partie de leur délices ; voila pourquoi le ciseau des artistes les plus habiles fut employè à les représenter . Il est même à croire que ce, que nous prenons pour des copies dans les statues des anciens, ne sont que des repetitions du même sujet (comme l'a indiqué *Fabbroni* dans sa derniere Brochure sur le *Genie de Rome*). Tous les peintres en effet, qui ont fait p. ex. une S. Vierge, ont representé le même sujet d'une manière caracteristique et reconnoissable, sans pourtant se copier les uns les autres. On a trouvé des veritables Hermaphrodites parmi des animaux domestiques: Il n'y a pas une seule histoire qui constate l'existence de cette monstruosité dans le genre humain; elle n'est pourtant pas impossible. Seroit-ce pour eterniser un hazard de ce genre, qu'on auroit fait cette statue? Les Grecs, qui donnoient à tous les êtres une origine celeste disent, que cet être, doué de deux sexes, étoit fils de Mercure et de Venus. On a dit, que le sexe qui n'appartenoit pas à ce Garçon, fut un don que la Nymphe Salmaces lui fit par la faveur des Dieux, émus par ses prières.

Sur le Pavé. Hercule etouffant les serpens. Celui qui à fait cet Hercule a voulu représenter l'avenir. On pressent dans cette belle statue de dix mois, ce qui il sera à son age viril.

Bacchus enfant, qui veut grimper sur un rocher pour attrapér quelques grappes de raisin. Il les tient de la main gauche, et fait des efforts pour les arracher: Il a une coupe de sa main droite pour y exprimer le jus. Son air est gai, comme il convient à sa situation.

Deux enfans endormis, d'environ deux pieds de proportion; ils ont des aïles: l'un a près de lui un flambeau allumé; l'autre, des pavots da la main gauche; les aïles, qu'il a aux épaules sont pliées, de même que celles plus petites, qu'il porte à la tête; à ses pieds est un lezard (*Pausan. l. 2.*). Voyez Mus. Pio Clem. Tab. XLIV.

Deux enfans, tenant chacun un oïseau. Autre Voy. Mus. Pio Clem. Tab. XXXVI.

Enfant qui tient des noix dans sa chemise (*subucula*): *Epigramme de Catulle*.

 Da nuces pueris, iners
 Concubine: satis diu
 Lusisti nucibus: Lubet
Jam servire Thalassio.
Concubine, nuces da.

Un Hermaphrodite antique, groupé avec un Satire, de sculpture moderne.

Deux petits amours qui se terrassent.

Ganimède, dont le torse est tres-beau, et a été très-bien restauré par *Cellini*, comme on peut le voir dans sa vie, ou dans *Gori*.

Amour ayant l'air melancolique, en s'appuyant sur son arc: On le dit le *Genie de la Mort*, ou la Mort même; c'est probablement un Genie funèbre, qu'on voit sur plusieurs sepulcres, debout, les jambes croisées, appuyé souvent à l'un des lauriers, dont est planté l'*Elysée*, et qui par son actitude, exprime *le repos éternel* dont on *jouit après la mort*. Les anciens croyoient que les initiés, aux mistères de Bacchus, jouissaient dans l'autre vie d'une plus grande somme de bonheur. — Amour et Psyché, groupe extremement joli (Mus. Flor. Pl. 43. 44.), trouvé sur le Mont Celius à Rome: Ils s'embrassent avec beaucoup de volupté, et de tendresse; on le dit de *marmo pario:* Voyez ce que dit *Agathon* dans *Platon;* c'est la même pensée de celui du Capitol, qu'il manque des aïles.

VII. Bustes inconnus. On en remarque un, que l'on juge, d'après sa coeffure; étre *Berenice* femme de *Titus*, Reine d'une partie de la Judée, que Tite aima si tendrement: Elle est coiffée d'un bandeau royal, qui ceint le dessus de sa tête; l'arrangement de ses cheveux n'a rien de commun avec

celui des Dames Romaines; frisés à plusieurs éta-
ges de boucles, dont les plus longues tombent sur
les épaules, et accompagnent le visage. Il y en
a une pareille chez *Borghese*. Les Auteurs disent,
que cette frisure étoit postiche, et que toutes les
femmes de Judée s'en paroient. La *Valière*, la *Mon-
tespan* en France étoient coeffées ainsi. — Alexandre: On voit par la gravure du Musée Florent.
que le buste de cette tête magnifique, et remplie
d'expression, étoit couvert de ses armes. Dans le
premier cas on disoit, que c'étoit le moment, où
ce Heros se plaignoit avec les Dieux de n'avoir
plus de Terre à conquerir; ou lorsqu'il avoit tué
le meilleur de ses Amis: Dans le second, étant nu,
on peut s'imaginer Alexandre malade dans sa tente à l'approche de l'Ennemi. Cette tête est trois
fois presqu'aussi grande, que le naturel, et d'un
beau marbre. On peut la regarder comme une
merveille de l'art, et le chef-d'-oeuvre de quelque sculpteur grec, dont le style étoit grand et
sublime: Le haut du nez est enflé, la bouche en-
trouverte, les yeux legèrement tournés, les sourcils elevés: Mais tous les traits sont d'un si grand
repos, que plûtot d'y voir l'expression de la douleur, on y reconnoit cette langueur, qui annonce
l'approche de la mort: L'or dont on fit la statue
de cette heros à Delphe, ne payeroit pas la tête
en marbre de cette Galerie; on y admire une expression si heureuse, qu'elle enleve d'abord l'admiration du spectateur. — Junon, de grand style,
ou la Déesse Rome. — Neptune. — Marc'Antoine
(endommagé par l'incendie du 1762): Placé autrefois vis-a-vis de Pompée: la pensée n'étoit pas
mauvaise. Il n'est pas bien à côté de — Ciceron; buste du beau temps de la sculpture à
Rome qui 'sauva la republique dans la conjuration de Catilina, et qui flatta César, l'oppres-

.seur de la liberté Romaine. — Tête de moindre grandeur, avec le même nom de Ciceron, autrefois pris pour lui, mais qui n'est que *Domitius Corbulus*, le plus grand'homme entre les sujets des Empereurs (il a été demontré tel par *Visconti*, d'a-
près d'un buste deterré à Gaubius, qui lui ressemble, et porte le nom gravé par l'Artiste. Et il y
à une tête pareille, qu'à Rome on la disoit être
le portrait de Brutus, qui fut aussi reconnut pour
être *Corbulus*). — Antinous très-beau dans le plus
excellent gout grec conservé en entier, et d'un travail admirable de grande maniere : Il est fait pour
donner une grande idée des Artistes de l'antiquité,
du temps d'Adrien. Il est plus grand que nature ;
on voit empreint dans son regard, et dans sa tête
penchée vers la terre, ce fond de tristesse melancolique, à la quelle on le distingue, *sed frons laeta
parum, et dejecto lumina vultu* (*Virgil*. sur Mar-
cellus), decouvert à Rome l'an 1671. — Jupiter ;
buste colossal : Jl y en a peu d'aussi majestueux,
et de plus imposants que celui-ci. La serenité, la
douceur et la majesté empreintes à la fois dans tous
les traits de cette sublime tête (pareille à celle du
Mus. Pio Clement,), rendent parfaitement l'idée
renfermée dans l'epithète de *Mansuetus*, que les
anciens lui donnoient.

Bas Reliefs : il y en a plusieurs publiés avec les
inscriptions de la Toscane. Un Voyageur très-fati-
gué, assis sur une butte, qui a l'air d'un vieillard
epuisé après le travail ; il tient de la main droite
un bâton sur le quel il s'appuye. Il porte un *pe-
tase*, ou chapeau ; il est revètu d'une courte tunique, et par dessus d'une *lacerne*, ou espece de *clha-
mide* pour la campagne ; à son côté gauche pend
un havresac, pour porter des vivres, et une bouteille faite en forme de corne pour le vin. Il paroit qu'il a un chausson au pied, ce qui fait que

les orteils ne paroissent pas. Au dessous est une semelle; ou de peau, ou de bois, que les anciens appelloient *Solea*, où sont attachées des cordelettes bien ageancées, qui tournent autour du talon, et retiennent le tout. — Empereur qui sacrifie; la tête est voilée, aussi que celle de sa femme qui y assiste: Le Camille auprès de la truie, se remarque par son habit relevé. — Deux femmes, dont l'une est sur un taureau. On croit que c'est l'enlevement d'Europe: Le Brun a employé sa grande habilité à desiner ce chef d'oeuvre de l'art, qu'il a appellé une *Baccante*. — Jupiter Hamon; selon *Herodote*, se para Jupiter d'une tête de Belier, pour se montrer à Hercule, ce fut pour cela, que les Egyptiens le représenterent avec les cornes. — Trois jolies femmes: fragment d'un bas-reliefs considerable. — Modèle d'un petit Temple. — Mercure et Hercule sacrifiant. — Un homme nud. — L'ouverture d'un testament. — Un grand bas-relief exprimant un sacrifice d'un taureau, ou un taurobole à Cybèle: ce culte a commencé bien tard dans le paganisme: *Julius Firmicus*, est presque le seul qui en parle. Un des Victimaires frappe le taureau du dos de la hache pour l'assommer. Tous sont couronnés de laurier; celui qui est derrière paroît étre le sacrificateur. On croit fait ce sacrifice pour des voeux publics. Si la grande médaille qui est au milieu, avoit une inscription, elle nous apprendroit de quoi il s'agit. Ce n'est pas le seul monument, où l'on trouve une place laissée evidemment pour l'inscription, qui n'a jamais été mise. — Harangue de Marc-Antoine, qui deploye la clamyde de Jules Cèsar. — L'enlevement de Ganimede.

Médailles, et Monnoies etc. sous la garde du Directeur.

Dans le plafond plusieurs Divinités, peintes par *Frederic Zuccheri*. Sur les murailles coloriées en azur, on a dessiné la carte geographique du Grand-Duché, tracée en 1608 avec beaucoup d'exactitude, dit-on, par le Pere *Serrati* Jesuite. Cette carte comprend les territoires Florentin et Pisan d'un côté; Siennois d'un autre: et enfin l'île d'Elbe.

Olivier Cromwel, tête en plâtre coloriée d'après nature, en relief, mort en 1658 à Whitchal. — Une main en relief, modelée en terre cuite, par *Michel Ange*. Oh vous qui aimez les beaux Arts, où trouverez vous quelques chose de plus fini, et de mieux travaillé? Ce fragment est si parfait, qu'on le jugea digne d'étre placé dans la Tribune, c'est à dire dans le Sanctuaire des Beaux Arts, dans l'endroit le plus sacré de la Galerie, où il n'y a que les chefs d'oeuvres qu'on y devoit placer.

Les Monnoies sont disposées dans des armoires par ordre geographique et chronologique: On a commencé par l'Etrurie. *Orsini*, qui a fait un ouvrage sur les monnoies de Florence, en recueillit deux suites, l'une pour Vienne, et l'autre par Pierre Leopold pour étre reunie icy; en sorte que cette collection est des plus riches, non seulement pour les médailles de Florence, mais encore pour celles des autres villes de Toscane, et surtout de Pise. Elle commence par les Papes: *Fountaine* Anglois fit present à Côme III de l'unique médaillon en or, qui pese 2 livres, 1 once, et 1 grain, frappé à l'occasion du Concile de Florence en 1439, qui répresent Jean VIII Paleologue Empereur d'Orient. Ensuite les Souverains selon leurs differens pays; puis les Savans par alphabet: On y voit beaucoup de monnoies en or, et en argent des deux Siciles (V. Tremblement de terre en 1693). et de l'Etat Ecclesiastique, Venise, Parme, Milan, Gênes et autres parties de l'Italie, et des monuments de la plus ancienne fabrication de monnoie, qu'il y ait eu dans chaque province. Il en est de l'Espagne, Portugal, France (satiriques pour Louis le grand), l'Allemagne, la Hollande, la Svede (on il y a des pieces carrées) et l'Angleterre (V. celle contre Charles II). Il y a en general, des pieces qui sont très-rares. On voit l'histoire suivie des Republiques, et des Monarchies; le changement des gouvernemens: la succession de Familles Souveraines; et les principaux evenemens, qui font epoque dans l'histoire moderne. On y trouve même quelques monnoies orientales, et des pieces rares, et qui n'ont point été publiées: collection bien vaste, et des plus nombreuses, ainsi que des plus remarquables. Il y a un grand nombre de Sceaux ou chachet du moyen âge; la plupart aussi non publiés.

On a placé icy douze *étudioles* à tiroirs, qui contiennent les MEDAILLES ANCIENNES, dont la collection est des plus célèbres. *Gori* en a publié une partie dans le *Mus. Florent.* mais on l'a augmentée depuis. L'ordre et la disposition est selon les lieux, où elles ont été frappées, sans aucun egard à leur grandeur, ou a la matière dont elles sont composées. On a donc divisé ces médailles en deux classes. La première comprend, selon l'ordre geographique, celles des villes libres, des colonies romaines, et des autres, qui dependoient de l'ancienne Rome. Dans la même classe on a placé encore les médailles des autres monarchies et royaumes; en sorte qu'on trouve celles d'*Alexandre* dans la collection de Macedoine; des *Seleucides*, et *Antiochus*, dans celle de la Syrie; des *Ptolo-mées*, dans celle de l'Egypte; et ainsi des autres rois des anciens temps. Cette I classe composée de 420 médailles est renfermée dans les quatre pre-miéres *étudioles*. La II comprend d'abord les Con-sulaires, et des familles de l'ancienne Rome, en nombre de 1530, et sont dans la V. *étudiole*, y compris aussi les médailles des Empereurs distri-buées par ordre chronologique, depuis *Auguste* jusqu'à *Paleologue*, et sont 8454 en nombre. Cette distribution si simple, et si ingenieuse fut imagi-née par l'Abbé *Eckel* Jesuite, directeur du cabinet imperial de Vienne, d'après les idées de *Froelich*, et *Kell*, et executée par *Remond Cocchi*. *Pelli* a perfectionné cette distribution, beaucoup augmen-tée par la suite, et en à dressé un catalogue aussi precis qu'interessant, qu'en 40 vol. remis à Leo-pold en 1790. Quant aux médailles en or, en ar-gent, en bronze, avec les médaillons, on les trou-vera à la place, qui leur convient; nous faisons remarquer cette circonstance, parceque on pre-tend en general completer les suites, en different metaux, et grandeur; or celà est absolument im-possibile. Dans le XI *étudiole* il y a 90 médailles *contorniates*. Les médailles en or sont 1217 celles en argent 3780· Elles sont plus de quinze mille, ce qui fait qu'on a appellé ce medailler le plus riche de toute l'Italie. Le XII a été reservé pour des nouvelles acquisitions. — On conserve aussi les falsifiées: elles peuvent instruire les amateurs, par leur comparaison avec les veritables; et d'ailleurs il faut avouer que la science numismatique man-que encore d'un *criterium* certain pour decider entre les veritables, et les falsifiées. On n'a que trop souvent rejetté une médaille comme fausse, parceque le revers, ou l'*exergue*, n'étoit pas con-formes à ce qu'on connossoit deja: Le temps nous a tirès de l'erreur; et on à remplacé dans le médailler les pieces, qu'on en avoit exilées. Le merite de ce médailler est assez connu par les livres de *Holstenius*, de *Vaillant*, de *Spanheim*, du *Mezzabarba*, *Occone*, *Noris*, *Gori*, et de l'Abbé *Eckel*, qui en differents temps en ont publié les pieces les plus remarquables.

La copie de la Vierge du *Guide* (qu'on voit dans la Tribune), et deux petits tableaux d'— Une danse, cinq femmes se tenant par la main. — Des Bacchantes qui decorent un Autel avec des festons: sujets tirés de l'antique, en grisaille. Ces tableaux sont formés avec une pierre, que les naturalistes appellent *sélenite*, et que l'on croit étre le *Lapis specularis* de *Pline*, *Glacies Mariae*. Elle est très-connue sous la denomination de *Scagliola*, pierre gypseuse transparente, qu'on reduit en poudre, dont on forme une pâte, qui s'endurcit, avec la quelle en y melant des couleurs, on fait de très-belles peintures. On doit la perfection de cet art au Père *Henri Hugsford* Abbé de l'Ordre de Vallombrose (mort l'an 1771). L'Auteur fut *Lambert Gori* son élève.

Tableaux.

La Sibìlle persique du *Guerchin*, du Capitole. — S. Pierre. — S. Paul: d'après *Raphaël*, de la fabrique de mosaique du Pape, dont on fit present à l'Empereur *Joseph*, et au Grand Duc *P. Leopold* en 1774 à Rome.

François, et *Valère Zuccato*, peintres Venitiens: Le Cardinal *Pierre Bembo*. La peinture en mosaique est un art, qui a été connu des Etrusques, des Grecs et des Romains; la seul qui soit fait pour transmettre à la posterité d'une manière durable, les ouvrages des grands Peintres de nos tems: l'*a fresque*, l'*huile* durent bien quelques siecles: mais on voit manifestement s'approcher de leur fin, les essais des premiers maîtres. La seule peinture encaustique, faite sur des parois solides, seroit aussi durable que les parois mêmes. Nous en avons des echantillons dans *Erculanum :* et on peut en connoître le meccanisme par l'ouvrage de *Requeno*, et plus en particulier dans une Brochure de *Fabbroni*, imprimée chez *Graziosi* à Venise.

Des bas-reliefs en marbre artificiel moulé, ou déposition tartareuse des Bains de S. Philippe, par le *D. Vegni*, inventeur de ce genre de travail: on a sculpté les figures de Mars et de Venus avec une composition colorie, qui imite parfaitement bien le porphire.

Durant l'impression de cet ouvrage, les changements ci-après ont été faits.

Le beau Narcisse à genoux, que l'on voyait auparavant dans le Corridor situé au couchant, a été placé parmi la famille de Niobée; et l'homme attribué à cette même famille, qui est dans l'attitude d'un malheureux, qui tourne ses regards vers le Ciel, a remplacé le lieu auparavant occupé par le Narcisse.

F I N.

TABLE.

Marbres .   Pag. 15-25
Portraits des hommes illustres .   24
Bustes .   31
Statues .   47
Tableaux historiques .   64
Sarcophages Etrusques .   77
Cabinets des Bronzes .   79
Bronzes Antiques .   81
Vases en terre cuite .   87
Niobé .   89
Tableaux .   92-159-186
Gravures .   96
Inscriptions Greques et Latines, Monumens Egy-
    ptiens etc.   97
Portraits des Peintres .   108
Tableaux Venitiens .   121
Cammées, Pierres gravées, Vases etc.   128
Tableaux Français .   133
— Flamands .   136
— Hollandois .   141
Peintres Italiens .   145
Tribune .   154
Portraits de Toscans .   168
Hermaphrodite .   177
Medailles et Monnois .   183

www.ingramcontent.com/pod-product-compliance
Ingram Content Group UK Ltd.
Pitfield, Milton Keynes, MK11 3LW, UK
UKHW020248180726
13839UKWH00001B/243